Proverbs

Mkhitar Gosh
Vardan Aygekci

ԱՌԱԿՆԵՐ

ՄԽԻԹԱՐ ԳՈՇ
ՎԱՐԴԱՆ ԱՅԳԵԿՑԻ

Proverbs

Copyright © 2015, Indo-European Publishing

Contact:

IndoEuropeanPublishing@gmail.com

ISNB: 978-1-60444-831-3

Առակներ

Հրատարակված է Ամերիկայի Միացյալ Նահանգներում:

Կապ՝

IndoEuropeanPublishing@gmail.com

ISNB: 978-1-60444-831-3

ՎԱՐԴԱՆ ԱՅԳԵԿՑԻ
XII-XIII

ԳԱՐՈՒ ՀԱՇԻՎԸ

Մի մարդ կալից գրաստով գարի էր կրում տուն: Եվ քուռակը մոր հետ գնում էր և ետ դառնում: Իսկ տանը, ուր կրում էին գարին, մի խոզ կար, կապած, որին գիրացնում էին: Եվ գարին անպակաս էր նրանից, որպեսզի ուտի և գիրանա:

Եվ քուռակն ասաց մորը.

— Ինչո՞ւ այն խոզն առանց աշխատանքի ուտում է գարին, որ մենք կրում ենք մեծ դժվարությամբ, և մեզ, որ չարչարվում ենք,օրը մի անգամ են գարի տալիս:

Մայրն ասաց.

— Լսի՛ր, որդյակ, մի շաբաթ նս համբերիր, և ապա ես քեզ պատասխան կտամ, և քո աչքով կտեսնես:

Եվ մի շաբաթ հետո էշը և քուռակը բեռով տուն էին գալիս, քուռակը մորից առաջ էր գնում և լսեց խոնչոցի ահագին ձայն, որովհետև խոզը մորթում էին: Եվ խրտնեց քուռակը և ետ փախավ դեպի մայրը, և մայրն ասաց.

— Ի՞նչ եղավ քեզ, որդյա՛կ, որ սոսկում ես, մի վախենար խոզից, որովհետև նրանից գարու հաշիվն են պահանջում:

Եվ դարձյալ եկան կալը՝ գարի կրելու: Եվ երբ բարձած վերադարձան տուն, քուռակը բարձրացնելով ոտքի սմբակը, մորն ասաց.

— Ո՜վ մայր, տես թե ոտքիս չի՞ փակչել գարու մի հատ, որ ինձնից էլ հաշիվ չուզեն, ինչպես խոզից:

ԱՎԱԶԱԿՆ ՈՒ ԽՈՍՏՈՎԱՆԱՀԱՅՐԸ

Մի ավազակի տարան կախելու: Խոստովանահայր քահանան՝ հաշտեցնելով նրան մահվան գաղափարին, ասում է.

— Որքան երջանիկ ես դու, սիրելի եղբայր, որ այսօր աստծու և հրեշտակների ընկերակցությամբ դրախտում պիտի սեղան բազմես:

— Սիրելի հայր,— պատասխանում է ավազակը,— մեծ լավություն արած կլինես, եթե դու գնաս իմ փոխարեն, ես դեռ քաղցած չեմ:

ԱՅՐԻ ԿԻՆԸ ԵՎ ՈՐԴԻՆ

Մի այրի կին ուներ տասը այծ և մի որդի: Եվ ամեն օր որդին այծերը տանում էր արոտ, և մայրն ամեն օր մի շերեփ ջուր էր լցնում կաթի մեջ և փոխ էր տալիս հարևաններին:

Եվ որդին մորն ասաց.

— Ինչո՞ւ ես այդպես ջուր լցնում կաթի մեջ և փոխ տալիս հարևաններին:

Մայրն ասաց.

—Որդի, մեր կաթը քիչ է, դրա համար եմ անում, որ մեր կաթը մի քիչ ավելի լինի, որ ձմեռը մեզ թացան լինի:

Իսկ մի օր, երբ որդին այծերին արոտ էր տարել, երկնքում ծնվեց մի փոքր ամպ, և անձրև եկավ, և հեղեղ եղավ և այծերը սրբեց լցրեց գետը: Որդին տուն եկավ արևով և դատարկ և ձեռքին միայն փայտը: Մայրն ասաց.

— Որդի, ո՞ւր են այծերը, և ինչո՞ւ դու այսօր արևով եկար:

Որդին ասաց.

— Մայրիկ, այն մի շերեփ ջուրը, որ խառնում էիր կաթին և փոխ տալիս հարևաններին, հավաքվեց և հեղեղ դարձավ և եկավ մեր այծերը տարավ լցրեց գետը:

ՄԻԱՅՆԱԿՅԱՑԸ ԵՎ ԳԱՄՓՌ ՇՈՒՆԸ

Մի միայնակյաց բնակվում էր մի գյուղի մոտ և գյուղում նա սիրեց մի աղջիկ և բազում ժամանակ նրա հետ շնանում էր: Եվ գյուղի տանուտերն ուներ մի գամփռ շուն, որ խիստ պահող շուն էր և ամբողջ գյուղը պահում էր:

Մի գիշեր միայնակյացը եկավ, որ շնանա այն կնոջ հետ, և գյուղի եզրին նրան հանդիպեց տանուտերի շունը և գամփռեց նրա վրա և նրան կծեց և արյունը ճապաղ արեց և շատ վերքեր արեց և նեղելով նրան քշեց: Եվ միայնակյացը լալով ու արյունաթաթախ մտավ խուցը և դուռը փակեց, զղջաց և չոքեց աղոթքի, լաց եղավ և կուրծքը ծեծելով ասաց.

— Աստված, բազում ժամանակ է, որ շնացա և չվախեցա քո դատաստանից և ոչ դառն դժոխքից զարհուրեցի, բայց այս գիշեր զարհուրեցի մի գամփռ շնից և չկարողացա շնություն անել:

ԱՅԾԵՐԸ ԵՎ ԳԱՅԼԵՐԸ

Հավաքվեցին այծերը միասին և պատգամ ուղարկեցին գայլերի ազգին և ասացին, թե ինչո՞ւ մեր մեջ լինի անհաշտ խռովություն, այլ ոչ թե խաղաղություն:

Եվ հավաքվեցին գայլերը և ուրախացան մեծ ուրախությամբ և նամակով պատգամ ուղարկեցին այծերի ազգին, նաև անթիվ ընծաներ: Եվ գրեցին այծերին. «Լսեցինք ձեր բարի խորհուրդը և գոհ ենք աստծուց, որովհետև մեզ համար մեծ խնդություն է և խաղաղություն, նաև իմացնում ենք ձերդ իմաստության, որ հովիվն ու շներն են պատճառ և սկիզբ մեր խռովության և կռվի, և եթե նրանց վերացնենք մեջտեղից, շուտով խաղաղություն կլինի»:

Եվ այս լսեցին այծերը, հաստատեցին և ասացին.

— Իրավացի են գայլերը, որ մեզ սպանում են, որովհետև շները և հովիվը նրանց հալածում են մեզնից:

Եվ այծերը վտարեցին շներին ու հովվին և երդվեցին, որ

հարյուր տարի մնան անխախտելի սիրով: Եվ այծերը ցրվեցին լեռները և դաշտերը և սկսեցին ուրախ լինել և ցնծալ և խաղալ, որովհետև արածում էին լավ արոտներում, ուտում էին համեղ խոտեր, խմում էին պաղ ջուր և ուրախանում էին և վազվզում էին, փառք տալով, որ հասան բարի ժամանակի:

Եվ գայլերը համբերեցին հարյուր օր, ապա հավաքվեցին դաս–դաս ընկան այծերի վրա և կերան:

ԵՐԿՈՒ ՆԿԱՐԻՉ

Մի թագավոր շինեց գեղեցիկ դարբաս և կամեցավ զարդարել այնպիսի նկարներով, որոնց նման ոչ մի տեղ չէր եղել: Եվ ընտրեց երկու նկարիչների և մեկին տվեց մի պատը, մյուսին՝ մյուս պատը և նրանց միջև վարագույր քաշեց:

Եվ երբ նկարիչներն ավարտեցին իրենց գործը, թագավորը եկավ, որ տեսնի նրանց գործը և տեսավ, որ մեկը նկարել էր գեղեցիկ պատկեր և շատ հավանեց: Իսկ մյուսը բնավ ոչինչ չէր նկարել, նա պատը շատ գեղեցիկ սարքել էր և կոկել հայելուց ավելի լավ:

Երբ թագավորը տեսավ, որ չէր նկարել, այլ միայն կոկել էր, զարմացավ և ասավ.

— Դու ի՞նչ ես արել:

Նա ասաց.

— Ես ցույց կտամ իմ գործը:

Եվ ապա վեր քաշեց միջի վարագույրը և, երբ լույսը ծագեց, և լուսավորեց կոկած պատը, այն ժամանակ մթնեց նկարազարդ պատը, որովհետև հայելու մեջ երևում էին այն բոլոր պատկերները, որ նկարված էին մյուս պատի վրա:

Եվ թագավորն ասաց.

— Սա մյուսից գեղեցիկ է:

ԱՌՅՈՒԾԸ ԵՎ ԱՂՎԵՍԸ

Մի առյուծ կորյուն ծնեց, և հավաքվեցին կենդանիները կորյունին տեսնելու և ուրախանալու:

Աղվեսն եկավ և հանդեսի ժամանակ, բազմության մեջ առյուծին նախատեց բարձրաձայն և անարգեց, թե ա՞յդ է քո զորությունը, որ ծնում ես միայն մի կորյուն և ոչ բազմաթիվ:

Առյուծը հանդարտաբար պատասխանեց և ասաց.

— Այո, ես ծնում եմ մի կորյուն, բայց առյուծ եմ ծնում և ոչ քեզ նման աղվես:

ԻՄԱՍՏՈՒՆ ԴԱՏԱՎՈՐԸ

Մի մարդ ուներ չար կին, և կինը կռվեց նրա հետ և ասաց.

— Կարծում ես, թե քո երեք որդիները քեզնի՞ց են: Մեկն է քեզնից, իսկ երկուսը բիճ են:

Եվ նա հարցրեց, թե ո՞րն է իմը և կինը չասաց: Եվ երբ հայրը մեռնում էր, ասաց.

— Իմ ամբողջ կայքը թող լինի իմ հարազատ որդուն: Եվ եղբայրները կռվում էին իրար հետ, մեկն ասում էր, ես եմ հարազատ որդին և մյուսը՝ թե ես եմ: Եվ գնացին մի իմաստուն դատավորի մոտ: Եվ դատավորը հրամայեց նրանց հորը հանել գերեզմանից և նետ արձակել նրա վրա: Ով հորը խփեր նետով, և նետը ծակեր հոր մարմինը, նա էր հարազատ որդին:

Եվ երկու որդիները խփեցին հորը, իսկ ճշմարիտ որդին դանակը քաշեց, որ սպանի եղբայրներին և լաց եղավ դառն արտասուքով և թաղեց հոր մարմինը:

Եվ իմացան, որ նա էր հարազատ որդին և նրան տվեցին հայրենի կայքը:

ԱՌՅՈՒԾԸ, ԳԱՅԼԸ ԵՎ ԱՂՎԵՍԸ

Առյուծը, գայլը և աղվեսն եղբայր եղան և որսի ելան և գտան մի խոյ, մի ոչխար, որ է մաքի, և մի գառ: Ճաշի ժամին առյուծն ասաց գայլին՝ բաժանիր մեր մեջ այդ որսը:

Եվ գայլն ասաց.

— Ո՜վ թագավոր, աստված արդեն բաժանել է՝ խոյը քեզ, մաքին ինձ և գառն աղվեսին:

Եվ առյուծը բարկանալով, ապտակ զարկեց գայլի ծնոտին, և դուրս թռան գայլի աչքերը, և նա նստեց և դառն լաց եղավ:

Եվ դարձյալ ասաց առյուծն աղվեսին, բաժանիր ոչխարները մեր մեջ:

Եվ աղվեսն ասաց.

— Ո՜վ թագավոր, աստված արդեն բաժանել է՝ խոյը քեզ՝ ճաշին, մաքին քեզ հրամենքին և գառը քեզ՝ ընթրիքին:

Եվ առյուծն ասաց.

— Ո՜վ խորամանկ աղվես, քեզ ո՞վ սովորեցրեց այդպես ճիշտ բաժանել:

Եվ աղվեսն ասաց.

— Ինձ սովորեցրին գայլի աչքերը, որ դուրս թռան:

ՄԻԱՄԻՏ ԳՈՂԵՐԸ

Երկու գող բարձրացան մի մեծատան կտուրը և կամեցան երդով վայր իջնել և գողություն անել: Եվ լուսնկա էր: Եվ մեծատուն մարդն իմացավ, որ գողերը երդիկի մոտ են: Եվ կինը մարդուն ասաց, թե.

— Այս ամեն գանձերը և ոսկին և կերպասը քեզ որտեղի՞ց են:

Եվ մեծատուն մարդն ասաց.

— Գնում էի գողության, մեծատուն մարդկանց երդիկով իջնում էի, և լուսնկա էր, ինչպես այժմ, և լուսնի շողերը երդիկից ներս էին ընկնում, ինչպես այժմ, և ես գրկում էի շողերի սյունը և վայր էի իջնում և այնպիսի մի բան էի ասում, որ ինչքան գեղեցիկ կերպաս կար այդ տանը, երևում էր ինձ և կապում էի լուսնի շողերին և վեր բարձրանում: Եվ այս ամենն այդպես եմ վաստակել:

Երբ գողերն այդ բանը լսեցին, խիստ ուրախացան և հավատակցին այդ ցնորամիտ խոսքին և, լուսնի շողերը գրկելով, երդիկից վայր ընկան և ջարդվեցին:

ԵՂԵԳՆԸ ԵՎ ԾԱՌԵՐԸ

Մի թագավոր զբոսանքի ելավ շրջելու լեռներում և հովիտներում: Եվ տեսավ, որ մեծամեծ ծառեր կային կոտրտված և փշրված, և միայն մի եղեգ կար՝ կանգուն, անարատ: Եվ թագավորն ասաց.

— Ո՛վ եղեգ, ասա ինձ, թե ինչպես հաստատուն ես մնացել, երբ մեծամեծ ծառերը փշրվել են:

Եվ եղեգն ասաց.

— Ո՜վ թագավոր, երբ սաստիկ հողմ բարձրացավ, ծառերը հպարտությամբ հակառակ կանգնեցին հողմի դեմ, և հողմը նրանց փշրեց, իսկ ես խոնարհվեցի հողմի կամքով և ահա կանգուն եմ:

ԻՇԽԱՆԸ ԵՎ ԱՅՐԻ ԿԻՆԸ

Մի իշխան կար խիստ չար և անիրավ: Եվ նույն քաղաքում ապրում էր մի այրի կին. և իշխանը, հարկ պահանջելով, նեղում էր նրան, և այրի կինն աղոթում էր, որ իշխանն ունենա խաղաղ ու երկար կյանք:

Գնացին, ասացին իշխանին՝ քո չարության համար աղոթում է այրին: Եվ իշխանը եկավ և ասաց.

— Ես քեզ բարիք չեմ արել, ո՛վ կին, դու ինձ համար ինչո՞ւ ես աղոթում:

Այրի կինն ասաց.

— Քո հայրը վատ մարդ էր, ես անիծեցի, և նա մեռավ: Դու նստեցիր նրա տեղը՝ ավելի խիստ չար: Եվ այժմ վախենում եմ, որ մեռնես, և քո որդին քեզնից ավելի չար լինի:

ԻՄԱՍՏՈՒՆ ԶԻՆՎՈՐԸ

Մի իմաստուն զինվոր պատերազմ էր գնում և նա երկու ոտքով կաղ էր: Եվ զինվորներից մեկը նրան ասաց.

— Ով ողորմելի, ո՞ւր ես գնում: Քեզ իսկույն կսպանեն, որովհետև փախչել չես կարող:

Եվ նա ասաց.

— Ո՛վ անմիտ, ես չեմ գնում պատերազմ՝ փախչելու, այլ կանգնելու, և կռվելու և հաղթելու:

ԹԱԳԱՎՈՐԸ ԵՎ ՕՁԸ

Կար մի թագավոր և ուներ նա մի սիրելի օձ, որ նրան ամեն օր բերում էր մի կարմիր դահեկան: Եվ թագավորն ունեցավ մի մանուկ, որին սնուցում էր գահի վրա և օձը նետում էր մանկան պարանոցով, և այդպես խաղում էին օձն ու մանուկը: Եվ երբ մանուկը մեծացավ, մի անգամ խաղի ժամանակ սուրը հանեց և կտրեց օձի պոչը և գետին գցեց: Եվ զայրացավ օձը, թույնով զարկեց մանուկին, և մանուկը իսկույն մեռավ, և օձը գնաց օտար երկիր:

Եվ երբ թագավորը եկավ և մանուկին օձի թույնից սևացած և մեռած տեսավ և օձի պոչը գետնին ընկած, իմացավ, որ յուր մանուկն է թրով կտրել օձի պոչը: Եվ սգաց որդուն, տարավ թաղեց գերեզմանոցում:

Եվ անցավ մի ժամանակ, և թագավորը խնդրանքներ ուղարկեց այն օձի մոտ և ասաց.

— Գիտեմ, որ առաջ իմ որդին է ծռություն արել. նա կտրել է քո պոչը, ապա դու կծել ես նրան: Ինչ որ եղավ՝ եղավ, և իզուր գնացիր: Արի, և մենք կլինենք առաջվա նման իրար սիրելի և միասին կապրենք:

Իսկ օձը պատասխան տվեց և ասաց.

— Այդպես չէ. քանի որ ես պիտի նայեմ իմ պոչի վրա,

իսկ դու քո որդու գերեզմանին, ուրեմն մեր միջից թշնամությունը չի վերանա: Լավն այն է, որ դու և ես իրարից հեռանանք, որպեսզի ուրիշ մեծագույն չարիք չծնվի մեր մեջ:

ԷՇԻՆ ԹՈՌ ԾՆՎԵՑ

Էշին ավետիս տվին, թե.

— Ցնծա և ուրախ եղիր և մեծ ընծա պարգևիր, որովհետև քեզ թոռ ծնվեց:

Եվ էշն ասաց.

— Վա՜յ ինձ, բարեկամներ, եթե հարյուր թոռ էլ ծնվի, չեն թեթևացնի ծանրությունն իմ մեջքի բեռան:

ԱՌՅՈՒԾԸ, ԱՂՎԵՍԸ ԵՎ ԱՐՋԸ

Առյուծը հիվանդացավ և բոլոր կենդանիները եկան նրան տեսության, միայն աղվեսն ուշացավ: Արջը չարախոսեց նրան, և աղվեսը դռնամտից լսեց և, ներս ընկնելով, թավալվեց առյուծի առաջ:

Առյուծն ասաց աղվեսին.

— Բարի ժամի չեկար, զարշելի, ասա ինձ, ինչո՞ւ ուշացար:

Աղվեսն ասաց.

— Մի՛ բարկանար, բարի թագավոր, երդվում եմ քո գլխով, որ քո առողջության համար այցելեցի շատ բժշկապետների և մեծ չարչարանք քաշեցի, բայց իմացա դեղը քո բժշկության:

Եվ առյուծն ասաց.

— Բարի եկար, իմաստուն կենդանի, ի՞նչն է այդ դեղը:

Աղվեսն ասաց.

— Խիստ պիտանի է և դյուրին. բժշկապետներն ասացին, թե կենդանի հանեք արջի մորթին և տաք-տաք զգեք առյուծի վրա, իսկույն մորթին ցավը կհանի հիվանդից:

Առյուծը հրամայեց, արջին բռնեցին և սկսեցին հանել մորթին: Իսկ նա վայում էր և արձակում մեծամեծ ոռնոց: Եվ աղվեսն ասաց.

— Այդ ամենը քեզ և նրան, ով արքունիք մտնելով, կչարախոսի մեկին:

ԿՏԱԿ ԳԱՆՁԻ ՄԱՍԻՆ

Մի իմաստուն և աղքատ մարդ ուներ ծույլ որդիներ: Մահվան ժամին նա կանչեց որդիներին և ասաց.

— Ո՜վ զավակներ, իմ նախնիները շատ գանձ են թաղել մեր այգում, և ես ձեզ ցույց չեմ տա նրա տեղը: Այդ գանձը կգտնի նա, ով շատ աշխատի և խոր փորի:

Եվ հոր մահից հետո որդիներն սկսեցին աշխատել մեծ եռանդով և խորագույն էին վարում, որովհետև յուրաքանչյուրն աշխատում էր, որ ինքը գտնի գանձը:

Եվ այգին սկսեց աճել և զորանալ և առատ բերք տվեց և նրանց հարստացրեց, գանձերով:

ՈՒՂՏԸ, ԳԱՅԼԸ ԵՎ ԱՂՎԵՍԸ

Ուղտը, գայլը և աղվեսը եղբայր եղան և ճանապարհ ընկան և ճանապարհին գտան մի բլիթ հաց և միմյանց ասացինք թե ով ավագ է, թող նա ուտի: Եվ սկսեցին ասել իրենց տարիքը: Աղվեսն ասաց.

— Ես այն աղվեսն եմ, որի անունը Ադամը դրեց:

Գայլն ասաց.

— Ես այն գայլն եմ, որին Նոյը տապանն առավ:

Եվ ուղտը, տեսնելով, որ նրանք իրենից ավագ դուրս եկան և հացը պիտի առնեն, հացը բերանն առավ բարձրացնելով ասաց.

— Մի՞թե ես երեկվա տղան եմ, որ այսչափ մեծացրել եմ իմ սրունքները:

Եվ սկսեց հացն ուտել: Իսկ աղվեսը և գայլը, ցատկելով նրա շուրջը, ոչինչ չկարողացան անել և փախան:

ԵԶԸ ԵՎ ՁԻՆ

Եզը և ձին խոսեցին միմյանց հետ: Եզն ասաց.

— Դու ո՞վ ես կամ ինչի՞ պետք ես:

Ձին ասաց.

— Ես ձի եմ, և ինձ թագավորները և իշխանները և պարոնները զարդարում են ոսկով և արծաթով և բազմում են ինձ վրա:

Եզն ասաց.

— Ամբողջ աշխարհի բարեկեցությունն եմ ես, որովհետև ես եմ վաստակում և չարչարվում և հոգնում, և ապա դու և քո թագավորն ուտում եք: Եվ բոլոր մարդիկ ուտում են իմ վաստակը, և եթե չվաստակեմ, դու և քո թագավորն իսկույն կմեռնեք: Եվ դու երախտամոռ մի լինիր:

ՀԻՄԱՐԸ ԵՎ ՁՄԵՐՈՒԿԸ

Մի հիմար և միամիտ մարդ ուներ մի դահեկան և, առնելով դահեկանը, գնաց քաղաք մի էշ գնելու և շրջեց քաղաքում և շուկայում և չգտավ մի դահեկանի էշ, ապա կրկին եկավ շուկա և տեսավ մի մեծ ձմերուկ և հիացմամբ հարցրեց.

— Այս ի՞նչ է։

Եվ վաճառականներն իմացան, որ նա հիմար է և ասացին, թե հնդու էշի ձու է և կհանի հնդու մեծ էշ։ Եվ ուրախանալով մարդը, տվեց դահեկանը և առավ հնդու էշի ձուն։ Եվ վաճառականները նրան պատվիրեցին, թե.

— Ձեռքիդ զգույշ տար, թե չէ կկոտրվի, և էշը միջից կփախչի։

Եվ ձմերուկը ձեռքին մարդն սկսեց գնալ զառիվայր ճանապարհով, և նրա ոտքը սայթաքեց, ձմերուկը ձեռքից դուրս պրծավ և գլորվեց խիտ անտառի մեջ, և անտառից մի նապաստակ վազեց և սկսեց փախչել, իսկ մարդը կարծեց, թե ձուն կոտրվել է, և ահա էշը ելել և փախչում է։ Եվ հետևից վազելով, կանչում էր նապաստակին և ձայն էր տալիս.

— Ա՜յ հնդու էշ... վա՜յ ինձ, մի փախչիր, քուռի՜, քուռի՜, խնայիր ինձ և վերադարձիր։

ԱՂՔԱՏԸ ԵՎ ԱՎԵՏԱՐԱՆԸ

Մի աղքատ մի գյուղ եկավ և մտավ գյուղի եկեղեցին, որ խարխուլ էր և անձրևակեղ։ Եվ այն աղքատը անձրևաթաց էր և քաղցած և հազել էր պատառոտուն զգեստ և դողում էր և հոգնել էր ճանապարհից։

Եվ ներս մտավ քահանան, սկսեց ժամ ասել։ Առավ Ավետարանը և կարդաց այն էջը, ուր գրված էր. «Օտարական էի՝ ընդունեցիք ինձ, մերկ էի՝ հագցրիք ինձ, քաղցած էի՝ կերակրեցիք ինձ, ծարավ էի՝ հագեցրիք ինձ»։

Այն աղքատր լսեց և ուրախացավ.

— Այս ինձ համար է ասված, և ահա շուտով կկատարեն իմ կամքը։

Իսկ քահանան ժամն արձակեց և գնաց տուն և աղքատին թողեց եկեղեցու մեջ և հոգ չտարավ նրա մասին։

Եվ աղքատն ասաց.

— Այն գիրն, որ կարդաց, սուտ էր։

Եվ առավ Ավետարանը, վրան քար դրեց և սուզեց ջրի մեջ։ Եվ

քահանան, եկեղեցի գալով, Ավետարանը չգտավ և աղքատին ասաց.

— Ո՞ւր է Ավետարանը:

Եվ աղքատն ասաց քահանային.

— Ի՞նչ ես անում սուտ Ավետարանը, և ես տարա ջուրը գցեցի:

Եվ քահանան բարկանալով սկսեց ծեծել աղքատին, և աղքատն ասաց.

— Ինչո՞ւ ես ծեծում ինձ, անիրավ, եթե հավատում ես, թե Ավետարանն աստծու ճշմարիտ խոսքն է, ապա ինչո՞ւ չես կատարում նրա կամքը: Որովհետև ես օտարական եմ, և ինձ չեք ընդունում, մերկ եմ, և ինձ չեք հագցնում, քաղցած եմ, և չեք կերակրում ինձ, ծարավ եմ, ջուր չեք տալիս: Մի՞թե աստված այդ բաների պակասությունն ուներ և այդ ամենն իր համար ասաց:

ՄԱՐԴԸ, ԸՆԿՈՒՅԶԸ ԵՎ ՁՄԵՐՈՒԿԸ

Մի մարդ ընկույզի ծառի տակ ձմերուկ էր ցանել: Եվ պտուղի ժամանակ եկավ տեսավ մեծամեծ ձմերուկները և ծառին նայեց, տեսավ, որ ընկույզը մանր էր: Մարդն ասաց.

— Տեր աստված, ինչ որ ստեղծել ես ամենը կարգին է և մի բանի նման: Իսկ այս երկու պտուղը անկարգ են, բանի նման չեն:

Մարդն ասում էր, որ ընկույզի տեղ ձմերուկ պիտի լիներ ծառին և ընկույզը՝ ձմերուկի թփի վրա:

Եվ նա պառկեց ծառի տակ և նայեց ծառին, և հանկարծ մի ընկույզ պոկվեց ծառից և ուժգին դիպավ նրա ճակատին և ճակատը պատռեց, և արյունը եկավ: Եվ մարդը վեր կացավ տեղից և աղաղակեց.

— Տեր աստված, ինչ որ ստեղծել ես, ամենը կարգին է և կատարյալ, և ով չհավանի քո ստեղծածը, նրա ճակատը իմից վատ լինի, որովհետև եթե ընկույզի տեղ ձմերուկ լիներ, ինձ պիտի սպաներ:

ԱՂՎԵՍԸ ԵՎ ԹՂԹԱՏԱՐ ԳԱՅԼԸ

Աղվեսը մի գրած թուղթ գտավ, տարավ գայլին և ասաց.

— Այսչափ ժամանակ աշխատեցի և բարեխոս մարդիկ մեջ գցեցի և իշխանից քեզ համար թուղթ հանեցի, որ ամեն գյուղ՝ ուր հանդիպես, քեզ պիտի տա մի ոչխար:

Եվ այդպես խաբեց գայլին, և միասին գնացին մի գյուղ, և աղվեսը նստեց բլուրի վրա և թուղթը տվեց գայլին: Երբ գայլը գյուղի մեջ մտավ, վրա թափվեցին շները և մարդիկ, նրան զգեցին և ջանահարեցին: Եվ արյունաթաթավ գայլը հազիվ ազատվելով՝ հասավ աղվեսին:

Եվ աղվեսն ասաց.

— Ինչո՞ւ թուղթը ցույց չտվիր:

Եվ գայլն ասաց.

— Ցույց տվի, բայց գյուղում հազար շուն կար, որ գիր չգիտեր:

ԵԿԵՂԵՑԻՆ ԵՎ ՋՐԱՂԱՑԸ

Եկեղեցին պարծեցավ յուր սրբությամբ և ասաց.

— Ես եմ տաճար աստծու, և դեպի ինձ են գալիս քահանաները և ժողովուրդը աղոթք մատուցանելու աստծուն և պատարագ, և հաշտվում է աստված աշխարհի հետ և մեղքերին թողություն է լինում:

Այն ժամանակ ջրաղացն ասաց եկեղեցուն.

— Ինչ որ դու ասում ես, արդար է և ճշմարիտ, բայց դու իմ երախտիքը մի մոռանա, որ գիշեր–ցերեկ աշխատում եմ և դատում այն, ինչ որ ուտում են քահանաները և ժողովուրդը և ապա քեզ են գալիս աղոթելու և երկրպագելու աստծուն:

ԱՂՎԵՍԸ ԵՎ ՈՐՍՈՐԴԸ

Որսորդը շներով տանջում և նեղում էր աղվեսին։ Եվ աղվեսը դարձավ և ասաց.

— Աղաչում եմ քեզ, ասա թե ինչի՞ համար ես ինձ նեղում։

Եվ որսորդն ասաց.

— Որպեսզի հանեմ քո մորթին։

Աղվեսը կանգնեց և ասաց.

— Տե՛ր աստված, փառք թեզ, որ սրա ուզածն այս է։ Իսկ ես կարծում էի, թե ինձ ուզում են նշանակել մեր գավառի հավարած կամ թռչնոցի վանահայր։

ԱՅՐԻ ԿԻՆԸ ԵՎ ԽՈՐԹ ՈՐԴԻՆ

Մի այրի կին ուներ մի կով, և նրա խորթ որդին ուներ մի էշ։ Եվ խորթ որդին գողանում էր կովի կերը տալիս էշին։ Եվ այրի կինն աստծուն աղաչեց, որ աստված էշին մեռցնի։ Բայց կովը մեռավ, և այրին լաց եղավ և ասաց.

— Ո՛վ աստված, մի՛թե չկարեցար էշը կովից տարբերել։

ԱՄԵՆԱՍՏԳԵՍ ՄԱՐԴԸ

Մի թագավոր կամեցավ աշտարակ շինել, և աշտարակը քանի ցերեկը շինում էին, գիշերը փուլ էր գալիս։ Եվ նա հավաքեց յուր գիտուններին և պատճառը հարցրեց։ Նրանք ասացին.

— Եթե կամենում ես, որ այլևս չփլչի, գտիր մի տգետ մարդ, որից ավելի տգետ մարդ չլինի և նրան կենդանի դիր պատի մեջ և պատը թող շարեն. և այլևս չի փլչի։

Եվ թագավորն ասաց.

— Այդ բանի ընտրությունը նս դուք արեք և գտեք մի տգետ մարդ, որին կենդանի թաղեն պատի մեջ:

Եվ գիտունները նստեցին միասին որոշելու, թե ի՞նչ տեղ կարող են գտնել տգետ մարդ, և մեկն ասաց.

— Ձկնորսն է տգետ, քանի որ նրա առն ու տալը մարդու հետ չի, այլ ջրի և ձկների:

Իսկ ոմանք ասացին՝ իշապանը, որ իշու հետ է լինում և իր ողջ կյանքն անց է կացնում գրաստի հետ, շրջելով լեռ և անտառ: Ոմանք ծովարարին ասացին, իսկ ոմանք հովվին, որ ամառ–ձմեռ ոչխարների հետ շրջում է լեռներում, չի մտնում գյուղ կամ քաղաք: Եվ հավանություն արին և կամեցան հովվին բերել:

Այն ժամանակ գիտուններից մեկն ասաց.

— Մեր թագավորը մի հովիվ ունի, որ ծնվել է սարում ոչխարների մեջ և սնվել է այնտեղ և յուր կյանքում ոչ գյուղ է մտել, ոչ քաղաք:

Եվ ուղարկեցին տասը ձիավոր, որպեսզի մարդուն բերեն: Եվ ձիավորները գնացին գտան հովվին, որ կթում էր ոչխարը և ողջունելով ասացին.

Թագավորը քեզ կանչում է:

Հովիվն ասաց.

— Ես իմ կյանքում ո՛չ քաղաք եմ գնացել, ո՛չ էլ գյուղ. ինձ ինչո՞ւ է կանչում:

Նրանք խորամանկությամբ ասացին.

— Չենք իմանում:

Իսկ հովիվը պատվեց նրանց, գառ մորթեց և պանիր բերեց և ուրախացրեց նրանց և երդմամբ հարցրեց կանչելու պատճառը: Եվ նրանք ասացին, թե այս պատճառով է քեզ կանչում, որովհետև թագավորի գիտունները ասել են, օր մի տգետ մարդու պետք է դնել պատի մեջ, որպեսզի պատը շեն մնա:

Այն ժամանակ հովիվը ծիծաղեց և ասաց.

— Հիմարը և տգետն այն գիտուններն են, որ այդպիսի ընտրություն են արել:

Եվ մի ոչխար բերելով ասաց.

— Ես ձեզ ցույց կտամ իմ տգիտությանը:

Եվ ասաց.

— Այս ոչխարը երկու գառ ունի փորում, մեկը էգ է, և մյուսը՝ որձ, մեկի գլուխը սև է և մյուսինը՝ սպիտակ:

Եվ ոչխարը մորթեց և զառները փորից հանեց և այնպես էր, ինչպես ասաց: Եվ մի այլ ոչխար բերելով ասաց.

— Այս ոչխարը մեկ զառ ունի փորում. մարմինը սև է, գլուխն՝ սպիտակ և ինքը՝ որձ:

Եվ մորթեցին տեսան այնպես: Եվ հովիվն ասաց.

— Ոչխարի այս երկու հոտը, որ կա ձեր առաջ, ամենին գիտեմ, թե որն է ծնելու և որն է ստերջ և որն է որձ ծնելու և որը՝ էգ և որը՝ սև կամ սպիտակ և որը՝ սև ու սպիտակ պուտերով: Ձեր գիտունները կարո՞ղ են այդ իմանալ:

Ձիավորներն ասացին.

— Ոչ ամենևին:

Հովիվն ասաց.

— Ուրեմն իմացեք, որ ես չեմ այն հիմարն ու տգետը, որին դուք փնտրում եք: Իսկ եթե կամենաք, ես ցույց կտամ տգետ մարդուն: Թագավորը թող յուր նայիպին բռնի թալանի և ինչ ունի ամենն առնի և քաղաքի հրապարակում նրան կախի և չարաչար տանջի, Որպեսզի բոլոր քաղաքացիները տեսնեն, ապա նայիպին թող տանեն թաքցնեն և ասեն, թե նրան սպանեցին: Եվ երեք օր քաղաքում թող կանչեն, թե ինչ մարդ որ կզա և հանձն կառնի նայպի գործը, նրա ամեն ապրանքն այդ մարդուն կտանք և նրան կնշանակենք թագավորի նայիպ: Այդ մարդը, որ կտեսնի այդ խաղքը և կլսի ինչ որ արին նայիպի գլխին և առաջանալով կասի, թե ես եմ ուզում լինել նայիպ, այն մարդն է հիմար և տգետ, նրան բռնեցեք և կենդանի դրեք պատի մեջ, որպեսզի այլևս չփլչի և շեն մնա:

Իսկ նրանք եկան և թագավորին պատմեցին, և թագավորն արեց այնպես, ինչպես հովիվն ասել էր և մինչդեռ քաղաքում կանչում էին, թե ով զա և հանձն առնի նայիպի գործը և իշխանությունը, նա կստանա նրա ապրանքը և հողը, այն ժամանակ մոտ վազեց մի ջրմի և թոնի մարդ և ասաց.

— Ես հանձն կառնեմ այդ գործը:

Եվ նրան հարցրին.

— Տեսա՞ր ինչ արին նայիպի գլխի:

Նա ասաց.

— Այո, տեսա:

Եվ իսկույն առան նրան և տարան, կենդանի դրին պատի մեջ, և պատը հաստատուն մնաց:

ԻՇԽԱՆԱՎՈՐԸ ԵՎ ԻՄԱՍՏՈՒՆԸ

Կար մի աշխարհակալ իշխանավոր և նա ուներ մի խիստ գեղեցիկ տղա: Եվ իշխանավորն ասաց, թե գեղեցիկ աղջիկ կառնեմ, որ կին լինի իմ որդուն, և ունենամ գեղեցիկ թոռներ՝ ժառանգ իմ գահի: Եվ գնաց բերեց մի գեղեցիկ հարս և դեռ թոռ չէր ունեցել, երբ որդին մեռավ, և հարսը մնաց: Եվ ինքը կամեցավ հարսին առնել և հարցրեց իմաստուններին, թե.

— Կա՞ իրավունք:

Եվ նրանք ասացին.

— Չկա՛ իրավունք, որ հայրն առնի հարսին:

Եվ չկամեցավ լսել նրանց և գտավ մի այլ իմաստուն, որ նրա սիրելին էր, և այդ իմաստունն ասաց իշխանավորին.

— Աշխարհում յոթանասուներկու ազգ կա և նրանցից ոչ մեկին չի հասնում այդ, բայց քեզ կհասնի:

Եվ իշխանավորն ասաց.

— Ինչո՞ւ աշխարհի յոթանասուներկու ազգին չի հասնում այդ, իսկ ինձ կհասնի:

Եվ իմաստունն ասաց.

— Վախենում եմ պատճառն ասել, որովհետև կսպանես ինձ:

Եվ նա երդվեց չսպանել նրան, եթե պատճառն ասի:

Այն ժամանակ իմաստունն ասաց.

— Որովհետև դու ամեն ազգից դուրս ես, անօրեն, և քո վրա չկա իշխանություն և ինչ կամենաս կարող ես անել:

ԱՐԴԱՐ ՄԱՐԴԸ

Մի երիտասարդ ուխտել էր հարամ բան ամենևին չուտել և մի օր նա գնաց գետի եզրը և տեսավ, որ ջուրը մի խնձոր էր բերում: Երիտասարդն առավ խնձորը կերավ անոթի, ապա միտն ընկավ իր ուխտը և խղճմտանքով գնաց գետն ի վեր, գտավ մի այգի և իմացավ, որ խնձորն այդ այգուց էր: Երիտասարդն ասաց այգետիրոջը.

— Ողորմիր ինձ և առ խնձորի գինը կամ հալալ արա, որովհետև ես հարամ բան ամենևին չեմ կերել:

Եվ բուրաստանի տերն ասաց.

— Կեսը, որ իմն է հալալ քեզ և կեսը՝ իմ եղբորն է, նրան տեր չեմ: Եվ իմ եղբայրը հեռու է, այստեղից վեց օրվա ճանապարհ:

Եվ երիտասարդը ճանապարհ ընկավ և գտավ այն մարդուն, ասաց.

— Կամ առ քո կես խնձորի գինը և կամ հալալ արա ինձ:

Եվ մարդն ասաց.

— Ո՛չ գինը կառնեմ և ո՛չ հալալ կանեմ: Թե կուզես, որ հալալ անեմ, ես մի աղջիկ ունեմ, որ ո՛չ ականջ ունի և ո՛չ էլ լեզու, և ո՛չ ձեռք և ո՛չ ոտք, նրան կին առ, որ հալալ անեմ:

Երիտասարդն անճարացած առավ այդ աղջկան և երբ առագաստ մտան, տեսավ, որ աղջիկը ամենևին առողջ էր: Եվ երիտասարդն աներոջն ասաց.

— Ինչո՞ւ էիր ծաղրում քո աղջկան:

Եվ նա ասաց.

— Ես ճշմարիտ էի, որովհետև ծնված օրից իմ աղջիկը արեգակի լույսը երդկից է տեսել և օտար մարդու ձայն չի լսել և օտարի հետ չի խոսել և ձեռքով մեղք չի շոշափել և ոտքը դռնից դուրս չի դրել: Եվ ես քեզ նման հալալ մարդ էի ուզում և ահա դու եկար:

ԱՌՅՈՒԾԸ ԵՎ ՄԱՐԴԸ

Մի զորավոր առյուծ նստել էր ճանապարհին, և տեսակ-տեսակ գազաններ այդ ճանապարհով գալիս էին դողալով և անցնում: Առյուծը հարցրեց նրանց.

— Ինչո՞ւ եք փախչում և ո՞ւմ ահից եք զարհուրած փախչում:

Եվ նրանք ասացին.

— Փախի՛ր և դու, որովհետև ահա գալիս է մարդը:

Եվ առյուծն ասաց.

— Ո՞վ է մարդը և ի՞նչ է նա և ի՞նչ է նրա ուժը և նրա կերպարանքը, որ փախչում եք նրանից:

Եվ նրանք ասացին.

— Կգա, կտեսնի քեզ և քեզ վա՜յ կլինի:

Եվ ահա յուր հանդից եկավ մի հողագործ մարդ: Եվ առյուծն ասաց.

— Մի՞թե դու ես այն մարդը, որ փախցնում է գազաններին:

Եվ նա ասաց.

— Այո՛, ես եմ:

Առյուծն ասաց.

— Արի կռվենք:

Մարդն ասաց.

— Այո՛, բայց քո զենքերը քեզ հետ են, իսկ իմը՝ տանն են: Եկ, նախ քեզ կապեմ, որպեսզի չփախչես, մինչև ետ գնամ առնեմ իմ զենքը և ապա կռվենք:

Առյուծն ասաց.

— Երդվի՛ր, որ կգաս, և ես կլսեմ քեզ:

Մարդն երդվեց, և առյուծն ասաց.

— Հիմա կապիր ինձ և գնա, շուտ դարձիր:

Մարդը հանեց պարանը և առյուծին պինդ կապով կապես կաղնու ծառին և ծառից կտրեց մի բիր և սկսեց զարկել առյուծին:

Եվ առյուծը գոչեց.

— Եթե դու մարդ ես, ավելի խիստ և անխնա զարկիր իմ կողերին, որովհետև այս խելքին այդպես է վայել:

ՄՈՒԿԸ ԵՎ ՈՒՂՏԸ

Մի մուկ հպարտացավ: Կորավ նրա իմաստությունը, և նրա սիրտը լցվեց հպարտությամբ: Մուկը գնաց ուղտի մոտ և ասաց ուղտին.

— Ինձ հրաման տուր քո կճղակի մեջ բուն դնեմ և այնտեղ բնակվեմ:

Եվ ուղտն ասաց.

— Քեզ վնաս կլինի, որովհետև հանկարծ կոխ կտամ քեզ և կմեռնես:

Մուկն ասաց.

— Քո սմբակը կակուղ է և ինձ վնաս չի լինի:

Ուղտն ասաց.

— Քո արյունը քո գլուխը:

Եվ մուկն ուղտի կճղակի մեջ շինեց իր բունը: Մի անգամ ուղտը ծանր բեռան տակ քայլեց և հանկարծակի կոխ տվեց մուկին: Եվ մուկը ճչաց և նրա փորից դուրս եկավ ճրագուն, որովհետև մուկը գեր էր:

Այդ տեսնելով ուղտն ասաց.

— Ահա եղբա՛յր, հենց այդ էր նեղում քեզ, որ դուրս ելավ քո փորից:

ԳՈՂ ՔԱՀԱՆԱՆ ԵՎ ԱՅՐԻ ԿԻՆԸ

Մի քահանա գողացավ այրի կնոջ կովը և ախոռը կապեց: Եվ կինն իմացավ և քահանային ասաց.

— Տեր հայր, հասավ իմ մահվան ժամը, գնանք ախոռ, որ խոստովանեմ մեղքերս:

Եվ այն ժամանակ քահանան կովը տարավ ներսի տուն, այնտեղից ժամատուն և այնտեղից եկեղեցի: Եվ կինն ասաց.

— Տեր հայր, վերջին խոստովանությունը մահից առաջ պետք է անել եկեղեցում:

Եվ քահանան կովը բեմ բարձրացրեց և վարագույրը քաշեց նրա վրա: Երբ նրանք եկեղեցի մտան և նստեցին, այն ժամանակ կինը բարձրացրեց վարագույրը և կովին ասաց.

— Ո՞վ զարշելի: ես քեզ կով գիտեի, և այժմ քեզ ո՞վ արեց պատարագիչ, ասա՛ ինձ:

ԳԱՅԼԸ, ԱՂՎԵՍԸ ԵՎ ՋՈՐԻՆ

Գայլը, աղվեսը և ջորին եղբայր եղան և գնացին. երբ սովեցին, և որսի չհանդիպեցին, ասացին.

— Եկեք ուտենք նրան, ով տարիքով փոքր է:

Այսպես ասացին գայլը և աղվեսը, որովհետև կամենում էին ջորուն ուտել: Եվ գայլին հարցրին, թե ո՞ր տարվա գայլն ես, և նա ասաց, թե.

— Ես այն գայլն եմ, որին Նոյը տապանն առավ:

Եվ աղվեսն առաջ եկավ և ասաց.

— Օ՜, դու տասը ազգով ինձանից փոքր ես, և ես այն աղվեսն եմ, որին աստված ստեղծեց:

Եվ ջորին եկավ և ասաց.

— Իմ ծննդյան թվականը գրված է սմբակիս վրա. եկեք, կարդացեք, տեսեք քանի տարեկան եմ:

Եվ ոտքը բարձրացրեց:

Աղվեսն ասաց գայլին.

— Գիտեմ, որ դու դպրոցում եղել ես, արի գիրը կարդա: Եվ գայլը հավատաց և գնաց կարդալու: Եվ ջորին ասաց.

— Առաջ արի՛, որովհետև գիրս մանր է:

Եվ նա առաջ գնաց, և ջորին սաստիկ ուժով զարկեց գայլի ճակատին և ջախջախեց, և գայլը գնաց կաղկանձելով: Եվ աղվեսն ասաց գայլին.

— Արի մի տող էլ կա, այն էլ կարդա:

Գայլն ասաց.

— Ես ի՞նչ գիտեի գիրը. մենք ազգե ազգ մսագործ ենք և մսագործի որդի:

ԱՆԶԳԱՄ ԿԻՆԸ

Մի մարդ տրտում նստել էր քարի տակ և քնեց մի պահ և զարթնեց և չէր ուզում տուն գնալ: Եվ հանկարծ եկան երկու ճնճղուկ նստեցին քարին և մարդուն հարցրին, թե ինչո՞ւ նա տրտում է: Եվ մարդն ասաց, որ տրտում է, որովհետև աղքատ է: Ճնճղուկներն ասացին.

— Կխոստանա՞ս երբեք չասել ոչ ոքի, եթե քեզ ոսկու տեղ ցույց տանք:

Եվ մարդը խոստացավ և երդվեց, և նրանք ասացին.

— Այդ քարի տակ յոթ կարաս ոսկի կա թաղած, հանիր և տուն տար և եթե ասես մեկին, թե որտեղից է ոսկին, իսկույն կմեռնես:

Եվ մարդն ուրախացավ, գնաց յուր տուն, բրիչն առավ և գիշերով եկավ գաղտնի հանեց ոսկին և տարավ տուն, սկսեց փարթամանալ և շքեղ տներ շինել, ունեցավ ձիեր և ջորիներ և եզներ և ոչխարի հոտեր և այլ ամենայն ինչ, որ վայել է աշխարհի սիրողին

Եվ մի օր եզն ասաց մյուս եզան, թե.

— Ես ի՞նչ անեմ, ամեն օր անխնա լծում են ինձ:

Էշը, որ նրան մոտիկ էր, ասաց.

— Վաղը սուտ հիվանդ եղիր և հազա: Երբ այդ տեսնեն, կխղճան և այլևս քեզ չեն լծի:

Եվ այս լսելով, մարդը ծիծաղեց և մշակներին ասաց, թե այսօր չէ, վաղը, այսինչ նշան էշը հիվանդ եզան տեղ լծեք: Մշակն առավոտյան էշը տարավ և լծեց մինչև իրիկուն և երբ տուն եկավ, էշն ասաց հիվանդ եզան.

— Ողորմելի եզնուկ, դու չգիտես, թե արտում ինչ էին ասում, ասում էին, թե այն հիվանդ եզը վաղը մորթենք, որ չսատկի: Լսիր ինձ և ոտքի կաց և առողջ եղիր, գնա լուծդ քաշիր, որ քեզ չմորթեն: Քեզ համար ավելի լավ է բանել, քան կյանքից զրկվել:

Այսպես ասաց էշը, որպեսզի այլևս իրեն չտանեն լծելու, որովհետև այդ օրը շատ էր աշխատել: Եվ այս լսելով մարդը նորից ծիծաղեց:

Այն ժամանակ նրա կինն ասաց.

— Ո՜վ մարդ, մենք աղքատ էինք և հանկարծ հարստացանք և այսչափ ապրանքի և բարիքի տեր եղանք և ժամ առ ժամ կենում և ինքդ քեզ ծիծաղում ես, ինձ ինչո՞ւ չես ասում, թե որտեղից է այս ամենը և դու ինչո՞ւ ես ծիծաղում:

Մարդն ասաց.

— Ո՜վ դու կին, եթե ասեմ, իսկույն կմեռնեմ, դրա համար չեմ ասում:

Իսկ կինը հանդգնեց և ասաց.

— Ճար չկա, պետք է ասես:

Իսկ նա չէր ուզում ասել, բայց կինը նրան խիստ նեղեց և ասաց.

— Պետք է ասես ինձ, եթե մեռնես էլ: Եթե ոչ՝ ես ինձ կսպանեմ:

Եվ մարդն անձարացավ և ասաց.

— Ո՛վ կին, հավատա ինձ, որ առանց տարակուսանքի կմեռնեմ, թե որ ասեմ. երբ թույլ չես տալիս, երեք օր սպասիր, մատաղ անեմ, քահանաներին և աղքատներին կերակրեմ, ապա քեզ ասեմ և մեռնեմ:

Եվ չար կինը հազիվ հանձն առավ երեք օր սպասել: Եվ մարդը մորթեց շատ ոչխարներ և գառներ և կանչեց քահանաներին, կարգավորներին և աղքատներին, և նստեցին ճաշի և մինչդեռ ուտում էին և ըմպում, այն մարդն սպասում էր:

Եվ մարդն ուներ շան լակոտ, որ տան մեջ նստել էր լի տրտմությամբ սգով, նույնիսկ արտասուք էր թափվում նրա աչքերից: Եվ հանկարծ եկավ աքլորը հպարտ և խրոխտալով և ներս մտավ, և նրա հետ կային քսան-երեսուն հավ աջից և ձախից: Շան լակոտն սկսեց աքլորին ասել.

— Ո՛վ լիրբ անաղուհաց, ի՞նչ ես խրոխտացել և տեսակ-տեսակ ձայն ես հանում. չգիտես, որ մեր տերը վաղը յուր զաղտնիքը պիտի կնոջն ասի և մեռնի: Իսկ դու լալու փոխարեն, ուրախ ես:

Աքլորն ասաց.

— Ինձ ինչ, թե կմեռնի, ես, որ նրա ծառան եմ, քսան երեսուն կին ունեմ և նրանց զավթ եմ արել, իսկ նա չի կարող մեկին իր հրամանքով պահել:

Շան լակոտն ասաց.

— Ի՞նչ անի անզգամ կնոջը:

Աքլորն ասաց.

— Երբ ամենքը վեր կենան մատաղից, թող առնի երեք չորս փայտ, դուռը փակի և կնոջն ասի՝ արի քեզ ասեմ զաղտնիքը և նրան բռնի մերկացնի և կապի մի սյունից և այնքան ծեծի նրա կողերին և այլ տեղերին, որ ողջ տեղ չմնա, ամենը կապուտկի և ասի, թե չա՛ր կին, լավ է, որ դու մեռնես, քան թե ես և, դռնից հանելով, նրան դուրս վարի, ասելով՝ գնա կորիր, ես այլ կին կառնեմ և քեզ չեմ ուզում:

Եվ աքլորից լսելով այդ բարի խրատը, այն մարդը դարձյալ ծիծաղեց: Եվ անզգամ կինը տեսնելով այդ, ամբոխի մեջ մոտեցավ նրան, չամաչելով ոչ մարդկանցից և ոչ քահանաներից և մարդուն ասաց.

— Այժմ ինչո՞ւ ծիծաղեցիր, ասա ինձ և պատմիր, թե ինչպես հարստացար:

Եվ մարդն աղաչեց.

— Մի քիչ համբերիր, թող հյուրերը գնան, և ես քեզ ասեմ, այժմ ամոթ է նրանց առաջ բան ասել:

Եվ երբ ամենքը գնացին, ընտանիքը դուրս հանեց և դուռն ամուր փակեց և ըստ աքլորի խրատի ձեռքն առավ կնոջը, ջարդեց ամեն ոսկորները և դուրս արեց: Իսկ կինը զղջալով նրա ոտքն ընկավ և լալով աղաչում էր, ասելով.

— Աստծու սիրուն, ինձ բան մի ասա և ամեն օր այսպես ծեծիր, միայն ինձ դուրս մի անի և քեզնից մի հեռացրու, որպեսզի աշխարհում խայք չլինեմ:

Եվ այսպես մահից ազատվեց մարդը աքլորի խրատով:

ԴՐԱԽՏԸ ԵՎ ԳԵՂՋՈՒԿ ՄԱՐԴԸ

Մի գեղջուկ մարդ աղը շալակին բարձրանում էր դժվար սարով, և տոթ ժամանակ էր: Եվ շատ հոգնեց մարդը և, բեռը վայր դնելով, սկսեց բամբասել Ադամին ու Եվային, թե ինչո՞ւ նրանք անհամբերությամբ դուրս եկան դրախտից: Եվ իսկույն երևաց հրեշտակը և նրան ասաց.

— Եթե քեզ դրախտ տանեմ, դա կհամբերե՞ս:

Եվ գեղջուկն ասաց.

— Ե՞րբ կլինի այդ:

Եվ հանկարծ քուն իջավ նրա վրա և տեսավ, որ դրախտն է ընկել և շատ ուրախացավ: Եվ ապա տեսավ, որ դրախտի մեջ մարդիկ կտրատում էին դեռաբույս ծառերը և չհամբերելով ասաց.

— Այդ ի՞նչ մարդիկ եք, որ չոր ծառերը թողած, կտրատում եք կանաչ ծառերը:

Եվ աչքերը բաց արեց, տեսավ, որ դարձյալ նստել է աղի բեռան մոտ և սկսեց դառն արտասվել: Եվ գեղջուկ մարդը նորից տեսավ հրեշտակին և ասաց.

— Այլևս չե՛մ խոսի:

Եվ նա նորից դրախտ ընկավ և տեսավ, որ մարդիկ կտրած ճյուղերը և փայտը շալակ են կապել և չեն կարողանում շալակել, բայց դեռ դարսում են ճյուղ և փայտ: Եվ չհամբերեց և ասաց.

— Ո՜վ անխելքներ, թեթևացրեք ձեր բեռը, որ կարողանաք շալակել:

Եվ գեղջուկ մարդը նորից զարթնեց դժվար սարի վրա և սկսեց արտասվել, և հրեշտակը երրորդ անգամ նրան դրախտ տարավ: Եվ նա տեսավ մի մեծ քար, որից կապել էին տասներկու լուծ եզ, և ամեն մեկը յուր կողմն էր քաշում, և քարը չէր շարժվում: Եվ մարդը դարձյալ չհամբերեց և կանչեց.

— Ո՜վ հիմարներ, մի կողմի վրա քաշեք և միասին քաշեք, որ քարը տեղից շարժեք...

Եվ գեղջուկ մարդն ասաց, «Լավ է, ես իմ աղը շալակեմ»: Եվ բարձրացավ դժվար սարով:

ԱՌՅՈՒԾԸ, ԷՇԸ ԵՎ ԱՂՎԵՍԸ

Առյուծը հիվանդացավ և բժիշկները խորհուրդ տվեցին,

— Եթե ավանակի սիրտն ու ականջները եփեն, ջուրը տան առյուծին խմելու, կապաքինվի:

Կանչեցին աղվեսին ու ասացին.

— Հնար արա, մի էշ բեր:

— Այո՜,— պատասխանում է աղվեսը,— մի ծանոթ լավ էշ կա այսինչ հովտում, հիմա կբերեմ:

Գնաց աղվեսը, գտավ ավանակին և ասում է.

— Ո՜վ եղբայր, երանի քեզ, գտել եմ քո ավագ եղբորը, որն ուզում է քեզ տեսնել: Նա գազանների թագավորն է, և դու նրա հետ պիտի թագավորես:

Հավատաց ավանակն ու գնաց առյուծի մոտ: Առյուծը կամեցավ խեղդել նրան, բայց ավանակը փախավ: Հասնելով նրա ետևից, աղվեսը հարցնում է.

— Ինչո՞ւ ես փախչում:

— Համբուրելիս ցավեցրեց կոկորդս,— պատասխանում է ավանակը:

— Սաստիկ սիրուց է այդ,— ասում է աղվեսը,— եթե դու էլ նրան համբուրես, շատ կուրախանաս:

Եվ ավանակը վերադարձավ համբուրելու առյուծին: Սա

բռնելով ավանակի կոկորդից, սպանեց նրան ու ինքը պառկեց հանգստանալու: Աղվեսն անմիջապես հանեց ավանակի սիրտը, կտրեց ականջները և կերավ, ասելով, «Եթե սա դեղ է, ուրեմն ինձ ավելի է հարկավոր, քան առյուծին»: Ապա մոտեցավ բժշկին և առյուծին, ասաց.

— Զարմանալի բան, էշը ոչ սիրտ ունի և ոչ ականջ:

Երբ եկան մոտ, տեսան, որ իսկապես չուներ, շատ զարմացան:

— Մի զարմացեք,— ասում է աղվեսը,— եթե նա սիրտ կամ ականջ ունենար, քո մռնչյունը լսելուց և քեզնից ազատվելուց հետո այլևս չէր վերադառնա ու չէր ընկնի քո ձեռքը՝ մեռնելու:

Եվ լսողները գտան, որ աղվեսը իրավացի է:

ԳԱՅԼԱԳՌԱՎՆ ՈՒ ԱՂՎԵՍԸ

Գայլագռավը մահու չափ սոված էր: Նա գնաց գողացավ հողագործից մի կտոր պանիր և գալով նստեց մի բարձր պատի վրա, որ ուտի: Պատի տակ կար մի աղվես, որը, տեսնելով ագռավին՝ պանիրը բերանը, սկսեց գովել նրան ու ասել.

— Փառք քեզ, աստված, որտեղի՞ց հայտնվեց այս պայծառ արեգակը, որ գեղեցիկ է և նման լուսնին, անձով սուրբ է: Իսկ փետուրները փայլում են արևի նման: Եթե ձայնն էլ հզոր լիներ, տիեզերքի վրա ես նրան թագավոր կկարգեի:

Ագռավի խելքը գնաց, հպարտացավ նա սուտ գովեստից, է մոռացավ պանիրը և ասաց մտքում. «Այսպես գեղեցիկ եմ ես, ու ձայնս էլ հզոր է»: Եվ տարածելով իր թևերը, ագռավը բարձր ձայնեց: Պանիրը պոկվեց նրա բերանից, ընկավ աղվեսի առջև:

— Այո՛, ձայնդ լավ է,— ասաց աղվեսն ագռավին,— բայց խելք բոլորովին չունես: Դու մի շերտ պանիր չկարողացար պահել, ինչպես պիտի պահես թագավորություն:

ԱՂՎԵՍՆ ՈՒ ԽԵՑԳԵՏԻՆԸ

Աղվեսն ու խեցգետինը բարեկամացան, միասին ցանեցին և հնձեցին արտերը, կալսեցին ու շեղջեցին ցորենը:

— Ելնենք բլրի կատարը և վազելով գանք,— առաջարկեց աղվեսը,— ով շուտ հասնի՝ կալը, ցորենը նրան լինեն:

Երբ ելան բլուրը, խեցգետինն ասաց աղվեսին.

— Խնդրում եմ, երբ վազել ուզենաս, պոչովդ հարվածիր ինձ, որ իմանամ ու գամ քեզ հետ:

Եվ խեցգետինը բացեց իր մկրատը: Աղվեսն իր պոչով խփեց ու վազեց, իսկ խեցգետինը, փակելով մկրատը, կպավ նրա պոչին: Երբ աղվեսը հասավ ցորենի շեղջին, ետ շրջվեց տեսնելու, թե որտեղ է խեցգետինը: Իսկ խեցգետինը ընկնելով շեղջի վրա, ասաց.

— Հանուն աստծո, այս ամենը իմն է:

Աղվեսը զարմացավ.

— Ով դու չար, ե՞րբ հասար այստեղ:

ՎԱՐԱԶՆ ՈՒ ԱՂՎԵՍԸ

Վարազը մեծ ջանք ու եռանդով սրում էր իր ատամները: Գալիս է աղվեսն ու հարցնում.

— Այդ ի՞նչ ես անում, չէ որ հիմա կռվի ու պատերազմի վտանգ չկա:

— Լռի՛ր, զարշելի աղվե՛ս,— պատասխանում է նրան վարազը,— դու ի՞նչ ես հասկանում պատերազմից: Այն ժամանակ ո՞վ կարող է զբաղվել զենք սրելով: Զենքն այնժամ պետք է սրել, երբ պարապ ես:

ԱՔԱՂԱՂԸ, ԱՂՎԵՍՆ ՈՒ ՇՈՒՆԸ

Աքաղաղը թառել էր մի ծառի վրա, քնելու: Գիշերվա կեսին նա կանչում է բարձր ձայնով: Աղվեսը լսում է նրա կանչը և, մոտ գալով, ասում.

— Տեր հայր, այսօր սուրբ Կարապետի տոնն է և քարոզիչ չունենք, որ կատարենք տոնը: Ծառից իջիր, միասին տոնենք:

— Մի քիչ համբերիր,— ասում է աքաղաղը,— մինչև քեռիս գա, որ հանդիսավոր տոն անենք:

Լույսը բացվելուն պես, հանկարծակի գալիս է մի քերծե ու բռնում աղվեսի կոկորդից: Աղվեսն սկսում է տհաճ ձայնով գոռալ:

— Վա՜յ ինձ,— ասում է աքաղաղը,– այդպիսի գարշելի ձայնո՞վ պիտի կատարեիր մեծ Կարապետի տոնը:

ԱՎԱՆԱԿԻ ՄԵԾԱՐՈՒՄԸ

Էշին պատվի արժանացրին և հրավիրեցին թագավորի որդու հարսանիքին:

— Վա՜յ ինձ,— ասում է էշը,— ես ոչ շեփորահար եմ և ոչ պարորդ, գիտեմ, որ հարսանիքին ինձ վիճակված է ծանր բեռ կա՛մ ջուր կրել:

ԱՌՅՈՒԾԻՆ ՆՄԱՆՎՈՂ ԱՂՎԵՍՆ ՈՒ ԳԱՅԼԸ

Առյուծը սպասավոր վերցրեց աղվեսին և պատվիրեց նրան.

— Երբ տեսնես, որ արյունը տվել է աչքս, ինձ իմաց արա, դա որսն սկսելու իմ նշանն է:

Աղվեսը պիտի նշանն ասեր:

Եվ առյուծը որս էր անում այդպես: Ուրախանում էին նրանք ու երկուսով ուտում որսը:

Հպարտացավ աղվեսը, դուրս եկավ առյուծի ծառայությունից և, գայլին դարձնելով իր սպասավորը, ասում է նրան.

— Երբ հարցնեմ քեզ, թե աչքերիս մեջ արյուն կա՞, դու կասես՝ այո՛, աչքերիդ մեջ շատ արյուն կա:

Քիչ անց աղվեսը գայլին հարցնում է.

— Նայիր աչքերիս, արյուն կա մեջը:

— Այո՛,— պատասխանում է գայլը,— աչքերիդ մեջ շատ արյուն կա և թանձրագույն է:

Ուրախացավ աղվեսն ու գնաց նստեց եղնիկների ճանապարհին: Երբ եղնիկներն եկան, աղվեսը վազեց նրանց ընդառաջ, ինչպես սովորել էր առյուծից: Բայց եղնիկները հարվածեցին իրենց սմբակներով աղվեսի գլխին, նա ջախջախվելով՝ ընկավ ուշագնաց:

Մոտեցավ նրան գայլն ու ասաց.

— Վե՛ր կաց, այժմ ավելի թանձրացավ արյունը քո աչքերի մեջ:

ՈՐՍՈՐԴՆ ՈՒ ԿԱՔԱՎԸ

Որսորդը մի կաքավ բռնեց և կամեցավ մորթել նրան:

— Մի՛ մորթիր ինձ,— լացով աղաչեց կաքավը,— ես շատ կաքավներ՝ խեյլքահան անելով, կբերեմ քեզ, որ բռնես:

— Այժմ կմեռնես իմ ձեռքով,— ասաց որսորդը,— որովհետև քո սիրելիներին ու ազգականներին մահվան ես մատնում:

ՆԱՊԱՍՏԱԿՆԵՐՆ ՈՒ ԳՈՐՏԵՐԸ

Հավաքվելով նապաստակներն իրար ասում են.

— Եկեք գնանք, ծովն ընկնենք, մեռնենք բոլորս, որովհետև թույլ ենք ու անզեն, և բոլոր կենդանիներն էլ հալածում են մեզ:

Ու գնացին։

Ճանապարհին հանդիպեցին գորտերի, որոնք, տեսնելով նրանց, ճիչ արձակեցին ու փախան, թաքնվեցին նրանցից։

Նապաստակները մխիթարվեցին, փառք տվեցին աստծուն, որ իրենցից տկարագույններն էլ կան, ու վերադարձան ետ։

ՄԱՐԴՆ ՈՒ ԳԱՅԼԸ

Մի մարդ բռնել էր գայլին, ոտքերը կապել, և, բարձելով էշին, տանում էր տուն։

Մարդիկ, տեսնելով նրան, հարցնում են.

— Այդ ի՞նչ է, որ բարձել ես էշիդ։

— Տանում եմ տուն,— ասում է մարդը,– որ կթեն, և երեխաներս մի քիչ կշտանան։

— Ո՛վ տխմար,— ասում են մարդիկ,— գայլը ամբողջ աշխարհի կթանն է կտրել, դու դրան կթա՞ն ես տանում։

ԿԱՇԱՌԱԿԵՐ ԴԱՏԱՎՈՐՆ ՈՒ ԲՂՈՒՂՈՎ ՅՈՒՂԸ

Մի մարդ գնաց քաղաքի դատավորի մոտ և խոստացավ.

— Քեզ մի բղուղ յուղ կտամ, եթե վաղը, երբ հակառակորդիս հետ գամ դատի, ինձ արդարացնես։

Եվ մյուս օրը, երբ եկան դատարան, դատավորն արդարացրեց յուղ խոստացողին և դատավճիռը գրելով, հանձնեց նրան։

Յուղ խոստացող մարդը բղուղի մեջ՝ մինչև բուկը, հարդ լցրեց, հարդի վրա դրեց երկու–երեք շերեփ յուղ, բղուղի բերանը սերեկեց ու տարավ հանձնեց դատավորին։

Մի քանի օր հետո դատավորն ասում է իր սպասավորին.

— Սիրտս յուղով բրինձ է ուզում, բեր այն մարդու բերած յուղը, և բրինձ եփիր։

Սպասավորը կրակ է վառում, թավան դնում վրան, բերում է բղուղն առաջ, բաց անում և հենց որ գդալը խփում է մեջը, հարդ է դուրս գալիս: Դատավորը գլխի է ընկնում, որ մարդը իրեն խաբել է: Ասում է.

— Ոչինչ, տեղը կհանեմ:

Մի օր այդ մարդը անցնում էր դատավորի դռան մոտով: Տեսնելով նրան, դատավորը կանչում է, ասում.

— Ո՛վ մարդ, քո դատավճռի մեջ, որ այն օրը հանձնեցի քեզ, մի բան պակաս եմ գրել, խեղճ մարդ ես, բեր ներս, ավելացնեմ, որպեսզի հետո քո հակառակորդը այլևս քեզ դատարան քարշ չտա:

— Դատավո՛ր,— ասում է մարդը,— թե պակաս բան կա, բղուղի մեջ է պակաս, թե չէ իմ թղթում պակաս չկա:

ԱՄՈՐԻ ԵՐԵՑՆ ՈՒ ՀԱՅ ԵՐԻՏԱՍԱՐԴԸ

Մի ասորի երեց՝ բարի ու «իմաստուն», և մի հայ ինչ–որ բանի համար կռվեցին: Երիտասարդ հայն ասաց քահանային.

— Քարով այնպես կխփեմ, որ երեսուներկու ատամներդ բերանդ կլցվեն:

Զարմացավ քահանան այդ խոսքի վրա և շտապ գնալով տուն, կնոջն ասաց.

— Երեցկին, աստված սիրես, մի մոմ վառիր և արի տես, թե քանի ատամ կա բերանս:

Երեցկինը լույս վառեց և, հաշվելով քահանայի ատամները, ասաց.

— Երեսուներկու, ո՛չ ավել, ո՛չ պակաս:

Քահանան շտապ վերադարձավ հայ երիտասարդի մոտ ու հարցրեց.

— Որտեղի՞ց գիտեիր իմ ատամների թիվը: Ո՞վ էր քեզ ասել:

— Գիտենալով իմը, քոնն էլ իմացա,— պատասխանեց նա:

ՀԱՐՈՒՍՏ ԽՆԱՄԱԽՈՍՆ ՈՒ ԿՈՒՅՍԸ

Մի հարուստ մարդ իր որդու համար մարդկանց սովորության համաձայն խնամախոսության գնաց: Եվ կույսը, որին գնացել էին ուզելու, գալիս, նստում է նրա մոտ ու ասում.

— Ո՛վ Հայր, օրհնյալ է քո գալուստը: Բարի վարված կլինես, եթե մյուս անգամ գաս, գնանք Հռոմ, այնտեղից թեքվենք Երուսաղեմ և ապա մեկնենք Խոր Վիրապ:

— Որդյա՛կ,— ասում է մարդը,— ես եկա, որ քեզ իմ տուն տանեմ, դու ուզում ես զրկե՞լ ինձ իմ տնից:

ՃԳՆԱՎՈՐՆ ՈՒ ԻՇԽԱՆԸ

Մի քաղցած ճգնավոր մտավ մի գյուղ և ուտելու համար հաց չճարեց: Ելնելով գյուղից, նա գտավ տաճիկ իշխանի ձին, որ արածում էր գյուղի եզրին: Առավ ձին, տարավ մյուս գյուղը, վաճառեց մի հացով: Հասավ իշխանը նրա ետնից ու հարցրեց.

— Ո՛վ ճգնավոր, իմ մեծագին ձին ինչպե՞ս հիմարաբար վաճառեցիր ընդամենը մեկ հացով:

— Բարի իշխա՛ն,— պատասխանեց ճգնավորը,— շատ մի խոսիր: Այդպես վարվեցիք որովհետև Քրիստոսն ասել է, թե ձրի առեք և ձրի տվեք:

ԵՐԿՈՒ ԸՆԿԵՐՆԵՐՆ ՈՒ ԿԱՐՊԵՏԸ

Երկու մարդ ճանապարհ էին գնում: Նրանք երկու դահեկան արժողությամբ մի կարպետ գտան: Մեկը աչքածակ էր, մտածեց, ի՞նչ անի, որ կարպետը ինքը վերցնի: Ընկերոջն ասաց.

— Համաձա՞յն ես կարպետը բաժանել երկուսիս:

— Այո՛, համաձայն եմ,— պատասխանեց ընկերը:

— Տո՛ւր ինձ երկու դահեկան և կարպետն առ, հաշիվը ճիշտ կլինի:

Եվ ընկերը նախ արդար համարեց վճիռը, ապա մտածեց, զգաստացավ ու ասաց.

— Ո՛վ եղբայր, քանի դեռ կարպետը չէինք գտել, ես քեզ ի՞նչ էի պարտք:

ԲԱՐԻ ԳՈՐԾԸ

Գայլը մոտեցավ դրախտի դռանը, թե.

— Ներս գամ: Գիտեմ, որ աստված արդար դատաստան կանի, եթե մեղք գործել եմ, բարություն էլ եմ արել:

Հարցնում են.

— Ի՞նչ բարի գործ ես արել:

— Մի զառամյալ գուսան եմ կերել և մի զզիր:

ԲԱՐԻ ՄԱՐԴՆ ՈՒ ՆՐԱ ԷՇԸ

Մի բարի մարդ ամբողջ ունեցվածքը բաժանեց աղքատներին, բայց իրեն պահեց միայն մի էշ, որով տեղ–մեղ էր գնում: Մի օր գնաց եկեղեցի աղոթելու և էշը կապեց եկեղեցու դռանը: Երբ սկսեց ասել, «Հայր մեր, որ հերկինս», միտքն ընկավ, որ էշը դռանն է: «Սուրբ եղիցի անուն» ասելուն պես մտածեց, որ մեկը կարող է գողանալ էշը: Եվ երբ մրմնջաց՝ «եկեսցե արքայություն», եզրակացրեց, որ եթե էշը գողանան, ինքը կդժվարանա ոտքով ման գալ: Եսկ երբ ասաց, «եղիցին կամք քո», հիշեց, որ էշը քաղցած է.

Դուրս ելնելով եկեղեցուց, ասաց.

— Է՛, իմ պարոն էշ, դու ավելի շատ հիշվեցիր աղոթքիս մեջ, քան աստված. Ով որ էշ ունի, ծառա է իշուն:
Եվ էշը տալով հիվանդ աղքատներին, ինքն ազատվեց հոգսից:

ԲՈՂՈՔԱՐԿՈՒՆ ՈՒ ԴԱՏԱՎՈՐԸ

Մի որմնադիր աշխատելիս բարձր պարսպի գլխից ընկավ ներքևում նստած մարդու վրա: Ինքն այնքան էլ չվնասվեց, բայց պատի տակ նստած մարդը մեռավ: Մեռնողի որդին գործը տվեց դատարան, պահանջելով լուծել իր հոր մահվան վրեժը:
Դատավորը վճիռ արձակեց. որմնադրին նստեցնել մեռածի տեղը, իսկ հանգուցյալի որդին, ելնելով բարձր պարսպի գլուխը, թող իրեն նետի ցած, որմնադրի վրա ու սպանի նրան, ինչպես սպանվեց հայրը:
Լսելով որոշումը՝ հայցվորը վախեցավ ու հրաժարվեց իր գանգատից:

ԳՅՈՒՂԱՑԻՆ, ԱՆՑՈՐԴԸ ԵՎ ԴԱՏԱՎՈՐԸ

Մի գյուղացի շալակով փայտ էր տանում վաճառելու: Փողոցում, ամբոխի միջով անցնելիս, նա բարձրաձայն գոչում էր.
— Ճանապա՛րհ տվեք, ճանապա՛րհ:
Մի կոպիտ ու անտաշ մարդ չկամեցավ հեռանալ ճանապարհից: Գյուղացին միամտաբար դիպավ նրան և պատռեց վերարկուն: Կամենալով տուգանել տալ գյուղացուն, անցորդը տարավ նրան դատավորի մոտ և հայտնեց իր բողոքը: Իսկ գյուղացին ոչ մի խոսք չասաց, մնաց լուռ ու անձայն:
Դատավորը, դիմելով վերարկուի տիրոջը, հարցրեց.
— Ի՞նչ ես պահանջում, ինչպե՞ս վարվեմ այս համրի հետ:

— Նա համր չէ,— ասաց բողոքականը,— որովհետև փողոցում բարձրաձայն գոչում էր՝ «Ճանապա՛րհ տվեք, ճանապա՛րհ»:
— Ո՛վ անմիտ,— բարկացավ դատավորը,— եթե նա այդպես էր գոչում, ուրեմն պարտավոր էիր մի կողմ քաշվել, որպեսզի չդիպչեիր նրան ու չպատռեիր քո վերարկուն:

ԳՅՈՒՂԱՑԻՆ ՈՒ ԱԶՆՎԱԿԱՆԸ

Մի գյուղացի էշն առաջն արած անցնում էր փողոցով: Եվ մի խումբ ազնվականների ներկայությամբ գավազանով ուժգին հարվածեց իշուն, որպեսզի արագացնի ընթացքը: Նկատելով այդ, մի ազնվական ասում է.
— Ինչո՞ւ ես անգթորեն ծեծում այդ խեղճ անասունին:
Այդ ժամանակ գյուղացին, խոնարհաբար հանելով իր գլխարկը, ասում է իշուն.
— Ների՛ր ինձ, էշ ջան, քանզի չգիտեի, թե այստեղ դու բարեկամներ ու ազնվական ազգականներ ունես:

ԶՈՐԱԿԱՆՆ ՈՒ ԻՐ ԱՄԵՆԱԾԱՆՐ ԲԵՌԸ

Ոմն զորական, իր կնոջ հետ գտնվելով ծովում, մի մեծ ալեկոծության ժամանակ նկատում է, որ նավավարներն ամբողջ եռանդով ծովն են նետում այն ամենը, ինչ ընկնում էր ձեռքերը: Ոմանք աղաղակում էին, թե՝ «նախապես դուրս նետենք ամենածանր բեռները, որպեսզի փրկենք կյանքերս ու ազատվենք ծովից, թե չէ իրերի հետ բոլորս էլ կսուզվենք»:

Երբ զորականը լսեց այս, իսկույն բռնեց իր կնոջն ու նետեց ծովը, բացականչելով.
— Կնոջիցս ավելի ծանր ու անտանելի բեռ ես չունեմ աշխարհում:

ԺԼԱՏ ՀԱՐՈՒՍՏՆ ՈՒ ՆՐԱ ԱՐՁԱՆԸ

Մի շատ ժլատ ու հարուստ մարդ մարմար քարից պատրաստել է տալիս իր արձանը։ Ցույց տալով քանդակը բարեկամներից մեկին, նա հարցնում է.

— Ինչպե՞ս է քանդակված, նմա՞ն է արդյոք ինձ։

— Եվ հոգով, և մարմնով շատ է նման քեզ,— պատասխանում է բարեկամը։

ԷՇԸ ԵՎ ԱՐՈՐ ԹՌՉՈՒՆԸ

Թագավորը հարցնում է իմաստասերին.

— Եթե մեկին վերուստ մի բան տրված չէ, և նա ձգտում է հասնել, կկարողանա՞, թե՝ ոչ։

— Կկործի՛, ինչպես էշն արորից,— պատասխանում է իմաստասերը։

— Ինչպե՞ս կորավ էշը։

— Լինում է մի սուտասան և քաղցրախոս արոր։ Էշը, լսելով նրա ձայնը, մոտենում է նրան ու հարցնում.

— Ինչի՞ց է քո ձայնը այդքան քաղցրալուր, ասա ինձ գաղտնիքը, որպեսզի ես էլ լավ ձայն ունենամ։ Չափազանց տհաճ և դժվարալուր է բոլորի ականջների համար իմ ձայնը։

— Ես երկնքի ցողն եմ ըմպում,— պատասխանում է արորը,— եթե անձրև չի գալիս, ջուր չեմ խմում։

Գնում է էշը մի անջրդի տեղ և մի քանի օր աչքերը չռած երկնքին, բերանը բաց արած՝ սպասում է ու սատկում ծարավից։

Այսպես, ուրեմն, ով ձգտում է ստանալ այն, ինչ չի տրված իրեն, չարաչար կերպով կկործի ինչպես ավանակը։

ԱՂՎԵՍԸ ԵՎ ՍԱԳԵՐԸ

Աղվեսը մտավ սագերի բույնը: Իսկ սրանց բնությունն այնպիսին է, որ սվսվոց են արձակում, ասելով.

— Սո՜տ՜ւս:

— Եթե դուք սուս եք,— ասում է աղվեսը,— ես սուս եմ ու սուս:

ԲԱԶԵՆ ԵՎ ԸՆՏԱՆԻ ՀԱՎԸ

Պարսավում էր բազեն հավին ու ասում նրան.

— Ինչո՞ւ այդպես անշնորհակալ ես քո տիրոջ նկատմամբ, ինչո՞ւ ես զգուշանում նրանից: Չե՞ս տեսնում ինձ, վայրենի լինելով հանդերձ, հենց որ տերս սուլում և կամ ձեռքի շարժումով կանչում է, անմիջապես մոտենում եմ նրան: Իսկ դու թեև ազգուտակով ծնվել ու սնվել ես նրա տան մեջ, բայց խուսափում ես նրանից:

— Շամփուրն եմ հիշում, որովհետև մեզանից շատերին խորովեցին, իսկ բազեներից և ոչ մեկին: Որքան որ ես հավ եմ տեսել շամփուրի վրա, ո՛վ թռչունների արքա, եթե դու գեթ մի բազե տեսնեիր, կարծում եմ, որ անդարձ կհեռանայիր մարդուց, և եթե հազար անգամ համոզեին ու բազում պարգևներ խոստանային, դարձյալ չէիր համաձայնի ենթարկվել նրա կանչին:

ՇԻՆԱԿԱՆԻ ՈՐԴԻՆ ԹԱԳԱՎՈՐ

Մի երկրի թագավորը վախճանվել էր: Եվ երբ իշխաններն ու նախարարները իրենցից մեկին թագավոր ընտրելու համար միաբանության չէին գալիս, մի շինականի որդու դարձրեցին թագավոր:

Իսկ նրա հայրը,գալով պալատ և տեսնելով իր որդուն թագավորական հանդերձների մեջ, հարցնում է նրան.
— Որդյա՛կ, ճանաչո՞ւմ ես ինձ:
— Ինչպե՞ս կարող եմ ճանաչել,— պատասխանում է որդին,— երբ ինձ չեմ ճանաչում:

ԱՐԾԱԹԱՍԵՐԻ ԱՂՈԹՔԸ

Մի արծաթասեր ու ագահ մարդ ասում էր.
— Է՜, աստված, ինչ բան որ ձեռքս ընկնի, ոսկի և արծաթ դառնա:
Եվ աստված կատարեց նրա խնդիրքը: Ինչ որ ձեռքն էր ընկնում, անմիջապես ոսկի և արծաթ էր դառնում՝ թե՛ հաց, թե՛ ջուր, և թե՛ այլ բան: Ժամանակ անց սովից սատկեց:

ԻՇԱՏԵՐԸ ԵՎ ԳԱՅԼԸ

Մի մարդ կորցրել էր էշը: Նա մորմոքալով այս ու այն կողմ էր շրջում, փնտրում ու չէր գտնում: Հանդիպում է նա մի գայլի:
— Ով եղբա՛յր,— հարցնում է մարդը,— կորցրել եմ իմ իշուկը, չե՞ս գտել:
— Եղբա՛յր, քո էշը ես եմ գտել,— պատասխանում է գայլը:
— Բե՛ր, որ քո գտնելու վարձը տամ:
— Ով մա՛րդ,— ասում է գայլը, — քո էշը տիղմի մեջ էր խրվել: Ես երեք օր չարչարվեցի, հազիվ կարողացա, հանել: Գիտեի, որ աղքատ մարդ ես, ինձ վարձահատույց լինել չէիր կարող և վարձի տեղը էշդ կերա:

ՀՈՂԱԳՈՐԾՆ ՈՒ ԱՐԱԳԻԼԸ

Հողագործը բակլա ու սիսեռ ցանեց գետի եզերքին: Մոտիկ եղեգնուտից դուրս էին գալիս սագեր ու կռունկներ, հավաքում սերմերը: Հողագործն ակնատներ պատրաստեց ու դրեց ցանքի եզրին: Առավոտյան դեմ վերցրեց կաղնե մահակը ու գնաց նայելու ակնատները: Սագերն ու կռունկները եկել էին, ընկել թակարդների մեջ, նրանց հետ էր մի արագիլ: Հողագործն իր մահակով սկսեց ջարդել սագերի ու կռունկների պարանոցները:
— Ո՛վ բարեսեր հողագործ,— դիմում է նրան արագիլը պաղատագին ձայնով,— դու լավ գիտես, որ ես ոչ բակլա եմ ուտում և ոչ սիսեռ, քո էլ լավ բարեկամն եմ, վերացնում եմ քո հանդերից օձերին, մկներին ու ճիճուներին, թեթևացնում քո հոգսը: Եվ արդ, խնայիր ինձ ու մի պատժիր:
— Այդ ճիշտ է,— ասում է; հողագործը,— բայց քանի որ միաբանել ես իմ թշնամիների հետ, նրանց հետ դու էլ կսատկես:

ՄԵՌԵԼՆ ՈՒ ԱՅԳԵԳՈՐԾԸ

Մ՛ի օր մարդիկ մեռել էին տանում թաղելու: Գերեզմանոցի մոտ այգի կար, ուր մի մարդ էր աշխատում: Նրան ասացին.
— Ե՛կ մեզ հետ մեռելը թաղելու:
— Ժամանակ չունեմ,— պատասխանեց այգեգործը:
Մեռելը գլուխը բարձրացրեց ու ասաց.
— Ես էլ շատ բան ունեի անելու, բայց մահը վրա հասավ, ամեն ինչ թողեցի ու գնում եմ: Ե՛կ իմ ետնից, որ մեկն էլ քո ետնից գա:

ԱՂՔԱՏՆ ՈՒ ԱՐԾԻՎԸ

Ոմն աղքատ մարդ մի կտոր միս էր խորովում անմարդաբնակ վայրում: Եվ ահա մի արծիվ հանկարծակի սլացավ վերևից, հափշտակեց միսն ու բարձրացնելով՝ տարավ: Աղքատը, գետնին երեսի վրա ընկած՝ լաց եղավ, ասելով.

— Չվայելե՛ս:

Արծիվը տարավ միսն իր բույնը, դրեց ձագերի առջև ու ինքը գնաց: Մի կայծ, որ կպած էր մնացել մսին, այրեց արծվի բույնն ու ձագերը:

ՀՐԵՇՏԱԿՆ ՈՒ ԱՂՔԱՏԸ

Հրեշտակն ասաց մի աղքատի.

— Բժիշկ եմ դարձնում քեզ, այդ գործն արա ու ապրիր, ես քեզ օգնական կլինեմ:

— Ինչպե՞ս իմանամ օգնելը,— հարցնում է աղքատը:

— Երբ գնաս հիվանդի մոտ,— խրատում է հրեշտակը,— ես քեզ կերևամ: Եթե հիվանդի ոտքերի կողմից երևամ, ուրեմն պիտի ապրի, իսկ եթե գլխի կողմից՝ կմեռնի: Դու այդ ասա հարազատներին և վարձդ առ:

Եվ շատ օրեր աղքատն այդպես վարվեց ու հարստացավ:

Պատահեց, որ ինքը հիվանդացավ: Հրեշտակն երևաց գլխի կողմից, պիտի մեռներ:

— Շրջեցե՛ք սնարքս,— ասում է նա իր հարազատներին:

Շրջեցին: Բայց դարձյալ երևաց հրեշտակն այն կողմից:

— Նորից շրջեցե՛ք,— ասում է հիվանդը:

Եվ կրկին դրեցին նախկին դիրքով: Դարձյալ հրեշտակը երևաց գլխի կողմից:

— Ամեն անգամ երևալդ հարստացնում էր ինձ,— դիմում է նա հրեշտակին,— իսկ այս մեկ երևալդ լավ չէր:

Եվ մեռավ:

ՃՇՄԱՐՏԱԽՈՍ ԱՂՔԱՏԸ

Մի ծեր մարդ նստած էր իր տանը, երբ անսպասելի կերպով մի աղքատ հերս մտավ: Ծերունին սիրով ընդունեց նրան, հյուրասիրեց և հարցրեց.

— Ո՞վ ես դու, խեղճ մարդ:

— Ես ճշմարտախոս մարդ եմ,— պատասխանեց նա,— ուր որ գնում եմ, ինձ նախանձում են բոլորը և հանգիստ չեն տալիս:

— Ի՞նչ արածդ,— հարցրեց ծերունին:

— Բոլորի պակասությունը երեսներին եմ ասում, չեմ թաքցնում, չեմ կարողանում համբերել: Այս իսկ պատճառով ինձ հալածում են, քշում: Այսպես աննպատակ թափառում եմ:

Հաց ուտելուց հետո գնացին քնելու: Առավոտյան շորերն հագնելիս, աղքատը ծերուհուն մի բան ասելու պահանջ զգաց: Նա տեսավ, որ տանտերը միաչքանի է և նրա երեսին ասաց պակասությունը:

Անմիջապես բարկացավ ծերունին, դուրս արեց նրան տնից, ասելով.

— Հենց դրա համար տեղ չես գտնում, բոլորին ատելի ես, քանի որ բոլորի պակասությունները երեսներին ես տալիս, արժանի է քեզ այդպես լինելը:

ԱՂՔԱՏԻ ԱՂՈԹՔԸ

Մի աղքատ մարդ հիվանդանում է ճանապարհին: Եվ նա աղաչում է աստծուն տուն հասնելու համար մի գրաստ ուղարկել: Բայց գալիս է մի չարաբարո հեծյալ, ծեծում աղքատին ու ասում.

— Վեր կա՛ց, շալակիր այս քուռակին, որովհետև չի կարողանում գալ իր մոր հետ:

Եվ բարձրանալով տեղից, աղքատը լալիս է դառնագին, որովհետև չէր կարողանում ոտքի վրա մնալ: Իսկ չար մարդը շարունակ հարվածում էր:

— Վա՜յ ինձ, աստված իմ,— բացականչում է աղքատը,— փոխանակ թեթևացնելու, ծանրացրիր վիճակս:
Առակս ցույց է տալիս, որ աղքատները տառապում են չքավորությունից և աստծուց խնդրում են ինչք և ունեցվածք, իսկ թագավորներն ու բռնավորները, ինչ գտնում են նրանց մոտ, կողոպտում են:

ԱՐԴԱՐ ՎԱՍՏԱԿԸ

Մի աղքատ վարձկան պահանջեց իր վարձը: Տանուտերն ասաց.
— Եթե արդարն ես պահանջո՛ւմ, մեկն եմ տալիս, անարդար կերպով ավելին՝ չորսը:
Իսկ նա իր արդար վաստակը պահանջեց ու պակաս ստացավ վարձը:
Եվ այս դեպքն եղել է ֆրանկների երկրում:
Մի մեծ իշխանի հետ աղքատը նավ բարձրացավ, կամենալով վերադառնալ տուն: Նա ստացած վարձով իր երեխաների համար նուռ էր գնել: Նավի վրա մեծ իշխանը հիվանդացավ: Ասացին, թե բուժիչ դեղը նուռն է: Եվ աղքատ վարձկանը վաճառեց այն՝ յուրաքանչյուրը տաս դահեկանով, հարստացավ, դարձավ ծանր վաճառական: Նախկին ծառան տան ու կնոջ համար գնեց ընտիր ապրանքներ, ապա գնաց իր տունը: Եվ այսպես է, արդար վաստակը բազմանում ու շենացնում է տունը:

«ԲԺԻՇԿ» ԳՈՐՏԸ

Եզան մեծությամբ մի գորտ մեր աշխարհին է գալիս Պարսից երկրից, որ մոտ է Բաբելոնին: Նա բարձրանում է մի լեռան վրա, ուժեղ ձայնով գոչում է ու ասում.
— Տեղյակ եմ Արկլիպի բժշկական դեղերին, Արիստոտելին, Պիղատոնին և Դիմոնիդայի զավակին, Բագրատին և մյուս

հայրապետների չտեսնված արվեստներին: Եկեք ինձ մոտ, և ես կապաքինեմ բոլոր ցավատերերին ու քոսոտներին, ուռուցքավորներին և անդամալույծներին, կույրերին ու կաղերին, երակների քննությամբ մեկ օրվա մեռածներին հարություն կտամ:
Լսելով այս, արարածներն շտապեցին ելնել լեռն ի վեր նրան տեսնելու: Քանի որ հաճելի էր նրա խոսքը, և ուզում էին բժշկվել, պատկերացնում էին, թե նա չափազանց գեղեցիկ կլինի: Եվ երբ մեծ չարչարանքներով ելան լեռան կատարը ու տեսան, որ նա սաստիկ բորոտ է, քոսոտ, տձև ու կույր, ամբողջովին թարախակալ է ու զազրահոտ, բարկանալով ասացին.
— Ո՛վ դու չարյաց ծնունդ, ինչո՞ւ քեզ չես բուժում և ուրիշներին ես խոստանում ապաքինել:
Եվ այսպես նախատեցին և սատկեցրին նրան:

ՀԱԳՈՒՍՏԻ ՊԱՏԻՎԸ

Մի թագավոր իր զորքով ճանապարհ էր գնում: Նա երկու սուրբ հայրերի տեսավ զարշելի հագուստով: Թագավորը իջավ նժույգից և խոնարհվելով, համբուրեց նրանց: Զորավարներն սկսեցին տրտնջալ, թե այս թագավորը իր մեծամեծներին պատիվ չի տալիս, չնչին մարդկանց մեծարում է:
Թագավորն իմանալով՝ հրամայեց չորս սնդուկ սարքել. երկուսը արտաքուստ գեղեցիկ ու քանդակազարդ՝ լի աղբով ու ավազով, իսկ մյուս երկուսը՝ արտաքուստ տհաճ, կպրոտ, մեջը լի ոսկով ու մարգարտով: Եվ կանչելով բամբասող իշխաններին, թագավորն ասաց.
— Գնահատեցե՛ք և ընտրեցե՛ք չորս կնքած արկղներից որն ուզում եք:
Նրանք ընտրեցին գեղեցիկները և բանալով տեսան, որ լցված են աղբով ու ավազով, զզջացին:
Թագավորն ասաց.
— Այդպես եք նայում երեսին և պայծառ հագուստին այն մարդու, որ ներքուստ լի է աղտեղությամբ: Իսկ այն սուրբ հայրերը, որոնց

հանդիպեցի, արտաքուստ էին աղտեղի, իսկ ներքուստ՝ լի հոգու շնորհով:

ԹԱԳԱՎՈՐԻ ՆԱԽԱՆՁՈՏ ԻՇԽԱՆՆԵՐԸ

Թագավորի պալատում ծառայող երկու իշխան ատելով ատում էին միմյանց: Մի անգամ, կամենալով փորձել նրանց, թագավորն ասաց.
— Խնդրեցե՛ք ինձանից, ինչ որ ուզում եք: Բայց իմացեք, մեկի խնդրածի դիմաց մյուսին կրկնակի պիտի տամ:
— Թագավո՛ր,– հարցնում է մեծ իշխանը,— ինչ որ խնդրեմ, իմ պաշտոնակից իշխանին երկո՞ւսը կտաս:
— Այո՛, ինչ որ խնդրես, կանեմ,— ասում է թագավորը:
Մեծ իշխանը մտածում է, «Եթե ես մի քաղաք ուզեմ, կտա: Բայց իմ ընկերոջը երկուսը կհասնի, սիրտս կպայթի»:
— Թագավո՛ր,— դիմում է նա,– քեզանից խնդրում եմ, որ իմ մեկ աչքը հանես:
Թավավորն հրամայեց հանել մեծ իշխանի աչքերից մեկը: Պարզ է, որ նախանձոտն իր անձին ավելի թշնամի է, քան՝ ուրիշների»:

ԳԻՆԻ

Թագավորն ուներ մի մինուճար տղա: Հրամայեց իր նախարարներին:
— Ամեն օր ձեզանից յուրաքանչյուրն իմ որդուն թող տանի պատվելու:
Մի օր նախարարներից մեկը թագավորի որդուն տարավ պատիվ տվեց և երեկոյան առաջնորդեց մինչև պալատի դուռը ու ինքը գնաց:
Իսկ թագավորի որդին խիստ հարբած էր: Նա բարձրացավ կտուրն ու ընկավ վայր:

Հաջորդ օրը նրան գտան աղբանոցամ մեռած: Եվ թագավորն հրաման արձակեց.

— Քանդեցե՛ք բոլոր այգիները, կոտրեցե՛ք գինու կարասները, որովհետև գինին դարձավ իմ որդու կորստյան պատճառը:

Եվ հրամանը կատարվեց:

Մի այրի կին, որ մեկ որդի ուներ, իր հնձանը քանդեց կարասների վրա և գինին պահեց: Ամեն օր առավոտյան և երեկոյան հացից հետո նա մի բաժակ գինի էր տալիս որդուն խմելու:

Եվ մի գիշեր նրա ուրդին դուրս եկավ տնից և սպանեց թագավորի առյուծին: Հաջորդ առավոտյան թագավորը հայտարարեց.

— Ով առյուծին սպանել է, թող ներկայանա՛, որպեսզի պարգևատրեմ:

Եկան մայր ու որդի.

— Ինչպե՞ս կարողացար հաղթել առյուծին,— հարցրեց թագավորը:

— Գինով եմ սնել իմ որդուն, թագավոր,— ասաց մայրն ու պատմեց բոլորը:

Եվ թագավորը նոր հրաման արձակեց.

— Այգի տնկեցե՛ք, բայց գինին այնպես խմեցեք, որ առյուծ սպանեք և ոչ թե մեռնեք աղբանոցում, ինչպես իմ որդին:

ԵՐԿՈՒ ԸՆԿԵՐ

Իշխանի ու հարուստի որդիներն իրար հետ մտերմացան, դարձան եղբայր և ելան աշխարհ շրջելու: Գնացին հասան մի բերդի դռան: Տեսան, որ դարպասից շատ մարդու գլուխ էր կախված: Վախենալով մտան ներս: Թագավորի ծառան մեծարեց նրանց ու տարավ պալատ:

Թագավորը երկու հյուրերին իր մոտ նստեցրեց, սեղան բացեց և հյուրասիրեց նրանց անուշահամ գինով: Երբ հարուստի որդին դուրս ելավ, թավավորն, իշխանորդուն ասաց.

— Դու թագավորի ես նման, իսկ այդ ընկերդ գեշ և ստոր մարդ է երևում, դու այդպիսի անարժան ընկերոջ հետ ինչո՞ւ ես մտերմություն անում:

— Թագավո՛ր,— պատասխանեց իշխանազունը,— ի՜նչ ստորություն ու պակասություն ասես, ես ունեմ, բայց իմ ընկերը լավ մարդ է, ես նրա հնազանդ ծառան եմ:
Երբ հարուստի տղան վերադառնալով նստեց, դուրս ելավ իշխանի որդին: Եվ թագավորը, փորձելով հարուստի որդուն, ասաց.
— Դու իմաստուն, բարի մարդ ես երևում: Երբ դուրս գնացիր, ընկերդ հազար ու մի խայտառակ բան ասաց քո հասցեին:
— Թագավոր,— պատասխանեց հարուստի տղան,— ես նրա անարժան ծառան եմ: Տեսնելով նրանց ընկերասիրությունը, թագավորը շատ ընծաներ տվեց և խաղաղությամբ ճանապարհ դրեց:
— Թագավո՛ր,— հարցրեցին նրան նախարարները,— քեզ մոտ եկած բոլոր հյուրերին մեծարեցիր և երեք օր հետո, կտրելով գլուխները, կախել տվեցիր պարսպից: Պատճառն ի՞նչ է, որ այս երկու հյուրերին նվերներ տվեցիր և առանց գլխատելու փառք ու պատվով ճանապարհ գցեցիր:
— Հայտնի բան է, ով ատում է իր մերձավորին, մարդասպան է,— պատասխանեց թագավորը,— և իրավունք է տրված թագավորներին՝ գլխատել մարդասպաններին: Օրենքն ասում է, որ օտարական հյուրին երեք օր պետք է մեծարել: Մեզ հյուր եկածներին ես պատվեցի, բայց երբ քննելով նրանց մեջ միմյանց նկատմամբ ատելություն նկատեցի, կտրել տվեցի նրանց գլուխները: Այս երկու հյուրերը միմյանց մասին լավ խոսեցին, ուստի և նվերներով ու փառքով ճանապարհ դրեցի:

ԵՐԵՔ ՃՇՄԱՐԻՏ ԽՈՍՔ

Թագավորն ու թագուհին, որ երկար ժամանակ զավակ չէին ունենում, աստծուն ու սրբերին բազում խոստումներ անելով, ունեցան մի արու մանուկ: Բայց երեխան ո՛չ աչքեր ուներ, ո՛չ լեզու և ո՛չ ոտքեր: Հավաքվեցին բազմաթիվ մարդիկ, եպիսկոպոսներ, քահանաներ: Թագավորն ու թագուհին ասացին.

— Մի խրատ տվեք մեզ, ի՞նչ անենք:
— Եթե թագավորն ինձ լսի,— ասաց մի ճգնավոր,— ես մի խրատ կտամ, և երեխան կառողջանա:
Կանչեցին առաջ:
— Թագավորը, թագուհին մեծ իշխանը՝ յուրաքանչյուրը մի-մի ճշմարիտ խոսք ասի,— խոսեց ճգնավորը,— տղան կլավանա:
— Թեև տասներկու թագավորների վրա իշխանություն ունեմ,— ասաց արքան,— Բայց երբ մարդ է գալիս մոտս, դարձյալ ձեռքին եմ նայում, թե ինչ նվեր է բերում:
Երբ թագավորն այս ասաց, երեխայի աչքերը բացվեցին:
— Ես մի աղքատ մարդու աղջիկ էի,— խոսեց թագուհին,— դարձա թագուհի ու հասա այս իշխանությանը: Բայց երբ մի սիրուն երիտասարդ եմ տեսնում, մտածում եմ ճար լիներ, թագավորիս թունավորեի, հետը ամուսնանայի:
Տղան անմիջապես սկսեց խոսել:
— Թագավորության երկրորդ դեմքն եմ,— ասաց մեծ իշխանը:— Ես աղքատ մարդ էի, և գրագիտությանս պատճառով թագավորը տվեց ինձ այս իշխանությունը: Բայց երբ նա մի փոքր բարկանում է վրաս, մտածում եմ՝ ճար լիներ, թագավորիս սպանեի, նրա կինն ու թագավորությունը առնեի ինձ:
Երբ իշխանն ավարտեց խոսքը, տղան վազեց և զնդակ ու մահակ ուզեց, որ խաղա:

ԽԱԲԵԲԱ ՎԱՃԱՌԱԿԱՆԸ

Մի վաճառական բարի անուն էր վաստակել, որովհետև ուրիշ մարդկանց ապրանքը, որ պահ էր տրվում նրան, հավատարմությամբ պահում և ետ էր վերադարձնում ժամանակին: Բայց հենց որ առիթ էր լինում գողանալու, չէր հապաղում: Մի օտարական, լսելով նրա բարի համբավը, ահագին գանձ տվեց նրան պահելու: Երեք տարի հետո այդ մարդը վաճառականից պահանջեց իր ունեցվածքը: Իսկ վաճառականը, գիտենալով, որ ո՛չ վկա կա, ո՛չ մուրհակ, ուրացավ:

— Ո՛չ քո ունեցվածքն եմ տեսել, ո՛չ էլ ճանաչում եմ քեզ:
Լսելով այս ամենը, մարդը տրտմեց:
Մի պառավ կին, տեսնելով նրան այդպես խիստ տրտում, հարցնում է պատճառը:
— Ով կի՛ն,— ասում է նա, դու չես կարող ինձ օգնել, ինչո՞ւ ես իզուր հարցնում:
— Աղաչում եմ, ասա՛, ի՞նչ է պատահել, թերևս կարողանամ բարի խրատ տալ:
Մարդը պառավին պատմում է իրեն պատահած դժբախտությունը:
— Ունե՞ս այս քաղաքում հավատարիմ բարեկամ մեկը:
— Շատ բարեկամներ ունեմ,— պատասխանում է մարդը:
— Գնա նրանց մոտ,— խրատում է պառավը,— ասա, թող շատ գեղեցիկ կողովներ գնեն, լցնեն անպետք իրերով, իբրև թե շատ մարգարիտներ, տեսակ-տեսակ ոսկեղեն գանձեր են լցրել մեջը: Տանելով վաճառականի մոտ, թող ասեն, թե «Լսել ենք քո բարի համբավը, ուզում ենք այս գանձերը քեզ մոտ թողնել, որովհետև օտար աշխարհ ենք գնալու»: Եվ երբ նրանք, այդ մասին խոսելիս կլինեն, այն ժամանակ դու, մոտենալով վաճառականին, կխնդրես նրանից քո գանձերը, որ նրա մոտ թողել ես: Հուսով եմ, որ, ակնկալելով ավելի մեծ շահ և ամաչելով քո բարեկամներից, որպեսզի նրանց աչքում արդար երևա, նա անմիջապես քո ամբողջ ունեցվածքը ետ կվերադարձնի:
Մարդն արեց այնպս, ինչպես խրատել էր պառավը: Եվ երբ նրա բարեկամները վաճառականի հետ խոսում էին մտացածին գանձերի մասին, իբր թե կամենում են նրա մոտ թողնել, գալիս է մարդը վաճառականի մոտ և պահանջում իր ունեցվածքը:
— Շատ լավ եմ ճանաչում քեզ,— ասում է վաճառականը,— դու այսինչ մարդն ես և այսինչ օրն ես բերել ունեցվածքդ: Ինչ որ ինձ պահ ես թողել, ահա հավատարմությամբ վերադարձնում եմ քեզ:
Եվ գանձը ետ վերադարձրեց նրան: Իսկ օտարականը, վերցնելով գանձը, ուրախությամբ գնաց իր տունը:
Այն եղկելի վաճառականը, խաբվելով իր ագահությունից, մնաց դատարկաձեռն:

ՀՌՈՄԻ ՊԱՊԸ՝ ԿԻՆ

Պատմեմ ձեզ ֆռանկների մասին մի արտառոց պատմություն՝ իմ ականջով մի ֆռանկից լսած, որ երդմամբ պատմեց նա Տրապիզոնում քառասուն մարդու ներկայությամբ:
— Գրված է մեր կաթողիկոսների պատմության մեջ, թե մի իշխան իր դստերը ուսումի տվեց: Եվ նա այնքան արագ առաջադիմեց ուսումնառության մեջ, որ ամբողջ Իտալիայով մեկ տարածվեց նրա համբավը: Չգիտեին, որ նա աղջիկ է: Եվ նա, մեծանալով, գնաց մտավ իմաստասերների շրջապատը: Այնպես վարժ և կիրթ պահեց իրեն իմաստունների և ուսուցչապետների շրջանում, որ բոլորը միաբերան արժանի համարեցին նրան դառնալու եպիսկոպոս ու մտնելու կարդինալների կարգը: Եվ իբրև եպիսկոպոս ու կարդինալ նա որոշ ժամանակ մնաց պապի վեհարանում: Ժամանակ անց՝ մեռնում է պապը: Կարդինալները, որոնք այլ կերպ ասած արքեպիսկոպոսներ են և մեկ աստիճանով են ցածր պապից, իրենց ընտրությամբ ու ցանկությամբ նշանակում են նրան պապ և նստեցնում գահին, այսինքն՝ դարձնում են ամբողջ ազգի հայրապետ կամ կաթողիկոս: Այսպես նա մնաց շատ ժամանակներ և ոչ ոք գլխի չէր ընկնում, որ նա կին է:
Մի օր, մենակ մնալով եկեղեցու սարկավագի հետ, նա դիմում է նրան, ասելով.
— Ո՜վ մարդ, դա կարո՞ղ ես պահել մի գաղտնիք, որ քեզ խոստովանել եմ ուզում:
— Ինչպե՞ս կհամարձակվեմ ես՝ ծառաս ու հողս, խոսել տիրոջս մասին:
— Իմացած եղիր, որ ես կին եմ, և ոչ ոք չգիտե այդ: Այն օրվանից, որ եկել ես դու իմ դուռը, ցանկացել եմ քեզ, բայց չեմ կարողացել, որովհետև հնարավորություն չի եղել: Այժմ մենք մենակ ենք, պրտի կատարես իմ կամքը:
Համաձայնելով, սարկավագը ապականեց կարծեցյալ պապին:
Դրանից հետո հղիանալով պապը թաքցնում էր իրեն, չէր երևում մարդկանց աչքերին, որպեսզի չիմանան:
Իսկ հռոմեացիները սովորություն ունեն տարին երկու կամ երեք անգամ եպիսկոպոսներով, կարդինալներով հավաքվել պապի

մոտ կամ գնալ մի ապահով տեղ քաբիթ, այսինքն՝ ժողով անելու: Մինչ եպիսկոպոսները ողջ ժողովրդի հետ մեկտեղ պապի առջև հավաքված պատրաստվում էին քաբիթն սկսելու, կարծեցյալ պապի ծննդաբերության ժամանակը հասավ, և նա ծնեց մի արու մանուկ: Այդ ժամանակ եպիսկոպոսներն ու կարդինալները չկարողացան թաքցնել խայտառակությունը: Բազմախուռն ամբոխը հարձակվեց, քարկոծեց պապին ու նորածին մանկանը:
Եվ այնուհետև, ապահովության համար սահմանեցին նոր կարգ, կառուցել մի բարձր տախտակամած, որ նոր պապ ընտրելիս, թեկնածուն մերկացած նստի նրա վրա բացված անցքին, որպեսզի բոլորը, ովքեր հավաքվում են տախտակամածի տակ, տեսնեն նրան և ձայն տան միմյանց, «Արո՛ւ է, արո՛ւ է, արո՛ւ է...», և այնուհետև հաստատեն հայրապետական գահին:
Այս սովորությունը պահպանվում է մինչև այսօր:
Եվրոպացիների հոգևորականները՝ ամենքը, սովորություն ունեն նաև սափրել մորուքները: Այս օրենքը նրանց համար սահմանվել է այն ծննդկան պապը, որպեսզի բոլորն անմորուս լինեն իր նման...
Բայց ոչ ոք թող չկարծի, թե սրանք ստեր են և գրված են նախանձից դրդված, որովհետև լսել եմ հենց ֆռանկի բերանից, որը ո՛չ հայերեն գիտեր և ո՛չ պարսկերեն, այլ պատմեց իտալերեն և ինքն էլ կարդացել էր պատմությունը: Նա մեզ պատմեց չկասկածելով, ու մենք գրի առանք, հավատալով նրա վկայությանը:

ԿՆՈՋ ԽՈՐԱՄԱՆԿՈՒԹՅՈՒՆԸ

Մի մարդ երկրից երկիր էր շրջում, գրի առնելով կանանց խորամանկությունները: Այսպես կազմեց երեք մեծ հակ ու դեռ շարունակեց հավաքելը: Նա գնաց, մտավ մի քաղաք ու հանդիպեց մի շատ խորամանկ կնոջ:
— Բարի՛ եկար,— ասաց կինը նրան ու առաջնորդեց իր տուն, մտածելով, թե բեռների մեջ կերպաս, ոսկի ու արծաթ շատ կա:

Երեկոյան կինը դիմեց հյուրին։
— Բեռներդ ի՞նչ են, ուզում եմ ինձ անհրաժեշտ բաներ գնել։
— Ծախու ոչինչ չունեմ,— պատասխանեց մարդը։
— Հապա ունեցածդ ի՞նչ է։
— Կնոջ խորամանկություններն են,—- ասաց հյուրը,– շրջել եմ երկրից երկիր, գրի առել։ Եկա այստեղ, որ էլի գրեմ։
Եվ կինը որոշեց վառել նրա բեռները։ Հնարը գտավ։ Տան մեջ կար մի մեծ փուռ, որ երեք բեռ թուղթ էր տեղավորում։ Կինը փուռը վառեց ու վերադառնալով՝ ձուկ տապակեց։ Նա տապակած ձուկը դրեց հյուրի առջև ու փակեց տան երեք դռները։ Հյուրն սկսեց ձուկն ուտել։ Իսկ ինքը, օգնություն կանչելով, սկսեց ճչալ բարձր ձայնով։ Հարևանները սրեր ու բահեր առած եկան բախեցին դուռը։
— Վառի՛ր թղթերդ, թե չէ սպանել կտամ քեզ,— ասաց կինը հյուրին։
Մարդն ստիպված վառվող փռի մեջ նետեց բոլոր թղթերը։ Կինը գնաց, բացեց դուռը և ասաց հավաքված հարևաններին.
— Այս քանի տարի է, չէի տեսել իմ միակ հորեղբորորդուն։ Նա եկավ իմ տուն, ու ես հյուրասիրեցի ձկով։ Փուշը մտավ կոկորդը, և նա մեռնելուց հազիվ ազատվեց։
Հարևանները՝ ներս մտան, տեսան, որ, իսկապես, ձուկ կար դրված սեղանին։ Հավատացին ու գնացին։

ԲԱՐԻ ՄԱՐԴՆ ՈՒ ՆՐԱ ԷՇԸ

Մի բարի մարդ ամբողջ ունեցվածքը բաժանեց աղքատներին, բայց իրեն պահեց միայն մի էշ, որով տեղ–մեղ էր գնում։ Մի օր գնաց եկեղեցի աղոթելու և էշը կապեց եկեղեցու դռանը։ Երբ սկսեց ասել, «Հայր մեր, որ հերկինս», միտքն ընկավ, որ էշը դռանն է։ «Սուրբ եղիցի անուն» ասելուն պես մտածեց, որ մեկը կարող է գողանալ էշը։ Եվ երբ մրմնջաց՝ «եկեսցե արքայություն», եզրակացրեց, որ եթե էշը գողանան, ինքը կդժվարանա ոտքով ման գալ։ Եսկ երբ ասաց, «եղիցին կամք քո», հիշեց, որ էշը քաղցած է.
Դուրս ելնելով եկեղեցուց, ասաց.

— Է՛, իմ պարոն էշ, դու ավելի շատ հիշվեցիր աղոթքիս մեջ, քան աստված: Ով որ էշ ունի, ծառա է իշուն:
Եվ էշը տալով հիվանդ աղքատներին, ինքն ազատվեց հոգսից:

ԿՈՂՈՊՏՎԱԾ ԿՈՒՅՐԸ

Երզնկայում ապրում էր մի կույր մարդ, որն ուներ վաթսուն հազար դեկան ու միշտ ուրախանում էր իր ունեցվածքով: Մի թուրք գողացավ նրա հարստությունը: Կույրն աղաղակ բարձրացրեց: Մարդիկ եկան նրան մխիթարելու: Անօրեն գողը նույնպես եկավ մխիթարելու, բերելով մի հաց: Կույրը սկսեց հացն ուտել, ապա բռնելով նրան, գոչեց.
— Սա է գողացել իմ փողը:
— Ինչի՞ց իմացար,— հարցրին մարդիկ:
— Հացը դառնացավ կոկորդումս,— պատասխանեց կույրը:
Եվ Երզնկայի իշխան Թախրաթանը թուրքից վերցնելով քառասուն հազարը՝ վերադարձրեց տիրոջը:

ԹԱԳԱՎՈՐՆ ՈՒ ԵՐԻՏԱՍԱՐԴ ԿԱԼԱՆԱՎՈՐԸ

Ոմն թագավոր, մի օր որոշելով բարեգործություն անել ու ազատել քրեական հանցագործներից մեկին, գնում է բանտ, սկսում մեկ առ մեկ հարցաքննել կալանավորներին: Իսկ նրանք բոլորը չքմեղ լինելով, պատմում են, որ իրենք անմեղ ու համեստ մարդիկ են, անարդար կերպով են բանտ ընկել:
Մի երիտասարդ կալանավոր, անկեղծորեն պատմելով իր գործած հանցանքների մասին, նշեց, որ ինքը արժանի էր մահվան, բայց իշխանությունը, խղճալով՝ կյանք էր շնորհել ու դատապարտել ցմահ բանտարկության:
Թագավորը կեղծ բարկությամբ հրամայում է բանտի վերակացուին.

— Այսքան համեստ ու անմեղ մարդկանց միջից անմիջապես դուրս արեք այս գայլին, որպեսզի չմնա նրանց հետ ու իր վատ վարքով չապականի բոլորին:

ԹԱԳԱՎՈՐՆ ՈՒ ԾԵՐՈՒԻՆԻՆ

Բաբելոնի թագավորը մեծ զորաբանակով քաղաք մտնելիս տեսավ մի ծերունու, որ արմավենի էր տնկում:
— Ով ծերունի,— ասում է թագավորը,— ինչո՞ւ ես տնկում: Չէ՞ որ դա քառասուն տարի հետո պիտի պտուղ տա, իսկ դու այսօր-վաղը գնալու ես:
— Թագավո՛ր,— պատասխանում է ծերուհին,— մի մարդ տնկել էր արմավենի, ես վայելեցի պտուղը, ես էլ տնկում եմ, որ մեկ ուրիշը վայելի:
— Տվեք նրան հազար դրամ,— հրամայում է թագավորն իր ենթականերին,— որովհետև բարի ու լավախոհ մարդ է:
Վերցնելով դրամը, ծերունին գոհ եղավ ճակատագրից:
— Ինչո՞ւ գոհ եղար,— հարցնում է թագավորը:
— Որովհետև,— պատասխանում է ծերունին,— ամեն ծառ տնկող քառասուն տարին լրանալուց հետո է վայելում, իսկ ես այսօր վայելեցի:
— Դարձյալ տվեք նրան հազար դրամ,— հրամայում է թագավորը:
Ծերունին նորից արտահայտեց իր գոհունակությունը:
— Ինչո՞ւ կրկին հայտնեցիր գոհունակություն,— հարցնում է արքան:
— Գոհ եղա ճակատագրից, որովհետև ամեն տունկ տարին մի անգամ է պտուղ տալիս, իսկ իմ ծառը այսօր երկու անգամ պտուղ տվեց:
Թագավորին հաճելի թվաց ծերունու պատասխանը:

ԹԱԳԱՎՈՐՆ ՈՒ ՆՐԱ ՈՒՍՈՒՑԻՉԸ

Մի թագավոր, վեճ ունենալով սահմանակից երկրի թագավորի հետ, որոշեց մի համարձակ ու հմուտ դեսպան ուղարկել նրա մոտ, որպեսզի իր կողմից հանդիմանություն ու սպառնալիք կարդա նրան: Ընտրությունը կանգ առավ մի իմաստուն մարդու վրա, որն իր ուսուցիչն էր եղել ու հավատարիմ մարդը: Թագավորը հայտնեց նրան իր դիտավորությունը և այն բոլոր հոխորտանքները, որ պիտի հաղորդվեր:

Ուսուցիչը, որ շատ լավ գիտեր հակառակորդ թագավորի ցասկոտ բնավորությունը և անզուսպ վարքը հրաժարվեց:

— Խնդրում եմ, արքա, ազատիր ինձ այդ դեսպանությունից, հակառակ դեպքում նա գլուխս կտրել կտա:

— Բոլորովին մի՛ վախեցիր,— քաջալերելով նրան ասում է թագավորը,— եթե նա քո գլուխը կտրի, ես խոստանում եմ, այստեղ իմ տերության մեջ գտնել նրա բոլոր հպատակներին և գլխատել:

— Ճիշտն ասած, արքա, հավատում եմ քեզ, որ կարող ես անել այն, ինչ ասում ես,— պատասխանում է ուսուցիչը,— Բայց աղաչում եմ հավատալ, որ նրա հպատակների այդքան կտրած գլուխների մեջ չես կարող գտնել մի այնպիսի գլուխ, որ այնքան հարմար լինի իմ անձին, ինչպես իմ գլուխը:

ԻՄԱՍՏԱՍԵՐՆ ՈՒ ԳԻՆԻՆ

Մի իմաստասերի հրավիրեցին թագավորական խնջույքի: Նա իշխանների հետ սեղան նստեց, և մատռվակը ոսկե բաժակով գինի մատուցեց նրան:

— Ո՛վ բարի թագավոր,– ասաց նա ոտքի կանգնելով,— խմում եմ այս գինին հանուն քո՛ փառքի:— Ու գինին թափեց գետնին:

— Հիմարացա՞ր, ով իմաստասեր,— ծիծաղելով հարցնում են, իշխանները:

— Դուք եք ծիծաղելի,— ասաց իմաստասերը,— ես գետնին թափեցի գինին, եթե խմեի՝ գինին պիտի ինձ գետներ:

ԳԻՆՈՒ ՎՆԱՍՆԵՐԸ

Երեք ճգնավոր մի անապատում աղոթում էին: Մանկությունից էին նրանք տարվել անապատ և չգիտեին աշխարհի ինչ լինելը: Եվ մի օր թողին աղոթելն ու ճգնությունը և միասին նստած հարցրին իրար, թե ինչ է փառքը աշխարհի: Առաջինն ասաց, թե գինին են գովում, որովհետև նա սիրո օրինակն է: Մյուսն ասաց, թե միսն են գովում բոլոր կերակուրների մեջ: Երրորդն ասաց, թե պոռնկությունն են գովում:

Եվ թողնելով հոգևոր մշակությունը՝ առաջինն ասաց՝ գնում եմ գինի խմելու, տեսնեմ, թե գինին ինչ հաճույք կամ բնույթ ունի: Երկրորդն ասաց, միս ուտեմ և իմանամ նրա համն ու բնույթը: Մյուսն ասաց՝ ես գնամ կնոջ մոտ և մեղքի համն առնեմ:

Եկան քաղաք: Նա, որ ասաց միս ուտեմ, գնաց խոհանոց և հոտած մսի զարշ հոտն առավ, ասաց.

— Թե սա է միսը, որ գովում են, սա ինձ համար չէ,— ու վերադարձավ անապատ: Նա, որ գնաց կնոջ մոտ, տեսավ, որ կանայք ու տղամարդիկ առանց ամոթի ու պատկառանքի չար գործ են անում, ասաց.

— Վայ ձեր կյանքին, որ անցավոր կյանքի համար զրկվում եք անանց փառքից,— և դժոխքի հոտն առնելով փախավ:

Այն, որ ասաց գինի խմեմ, գնաց գինետան դուռը, տեսավ՝ շատ գեղեցիկ երիտասարդներ նստած մեղաց գինին են ըմպում: Սիրով մեծարեցին նրան, և երբ գինով հարբեց, միս կերավ, և երբ փորը լցրեց մսով ու գինով, գնաց շնացավ:

Այսպես այն երկուսն ազատվեցին, իսկ գինեխումը կործանվեց: Պարզ է, որ գինին է բոլոր մեղքերի մայրը և բոլոր մեղքերը գինին է գործել տալիս:

ԴԺՎԱՐՈՒԹՅԱՄԲ ՎԱՆՔ ՎԵՐԱԴԱՐՁՈՂ ԿՐՈՆԱՎՈՐԸ

Առաքինի մի կրոնավոր հիվանդացավ։ Անհրաժեշտ եղավ որոշ ժամանակ մնալ հիվանդանոցում։ Երբ մոտեցավ վանք վերադառնալու օրը և տեսնելով, որ նեղսրտություն է գալիս վրան, ասում է ծիծաղելով.

— Այնքան դժվար է թվում ինձ վանք վերադառնալը, ինչպես առաջին անգամ, երբ թողնելով աշխարհը կուսակրոնություն ընտրեցի։

ԱԲԵՂԱՆ ԵՎ ԹՈՒՅՆԸ

Մի աբեղա ցանկանում էր դառնալ վանքի առաջնորդ, բայց գիտեր, որ վանահոր կենդանության դեպքում չի կարող հասնել դրան։ Հնարը գտավ։ Մի մանուկ կրոնավորի, որին վանահայրը հաճախ էր ծեծում, տվեց մի քիչ մահացու դեղ՝ թույն, ասելով.

— Եթե այս փոշին ցանես վանահոր կերակրի մեջ, միշտ կսիրի քեզ և այլևս չի ծեծի։

Անմեղ մանուկը, առնելով փոշին, մտածում է ինքն իրեն.

— Կեսը միայն կցանեմ, իսկ եթե կրկին փոքր–ինչ բարկանա, մնացածն էլ կլցնեմ։

Մանուկը լցրեց փոշին վանահոր կերակրի մեջ, ու նա մահացավ։ Այն ժամանակ մարդասպան աբեղան հասնելով առաջնորդության, սկսեց նախորդ վանահոր նման նույն մանկանը ծեծել։

Եվ նա ասում է ինքն իրեն.

— Ճիշտ վարվեցի, որ փոշու կեսը պահեցի։

ՔԱՂՑԱԾ ՎԱՐԴԱՊԵՏԻ ՏԱՐԻՔԸ

Տիրատուր վարդապետին տարան ծառայության և մոռացան այդ օրը հաց տալ: Երեկոյան ուղեկցեցին տուն:
— Վարդապետ, քանի՞ տարեկան ես,— հարցնում է պարոնը:
— Քառասուն տարեկան, բայց մի օրը հանած:
— Մեկ օրն ինչո՞ւ է հանած,— զարմանում է պարոնը:
— Այս օրը, որ քաղցած պահեցիր, ժամանակից դուրս է:

ՀՐԵԱՆ ՈՒ ՔՐԻՍՏՈՆՅԱՆ

Մի հրեա ընկել էր հորը: Օրը շաբաթ էր, եկավ մի քրիստոնյա, տեսնելով նրան, ասաց.
— Պարան բերեմ, քեզ հորից դուրս հանեմ:
— Չեմ ուզում,— ասաց հրեան,— որովհետև օրը շաբաթ է:
Հաջորդ օրը քրիստոնյան դարձյալ եկավ հորի մոտ:
— Հանիր ինձ,— խնդրեց հրեան:
— Չեմ ուզում,— պատասխանեց քրիստոնյան,— որովհետև օրը կիրակի է:

ՉԶՂՋԱՑԱԾ ՄԵՂԱՎՈՐԸ

Խաչատուր անունով մի ջրաղացպան հիվանդացավ, հրեշտակն եկավ հոգին առնելու: Իսկ նա աղաչեց հրեշտակին.
— Մեղավոր եմ, ապաշխարելու ժամանակ տուր: Հրեշտակը աստծու հրամանով նրան տասնհինգ տարի ժամանակ տվեց, ասելով.
— Լա՛վ, աղոթիր ու ապաշխարիր:

Եվ նա, առողջանալով մտածում է. «Տասնհինգ տարին շատ է ապաշխարհելու համար. տասը ուտեմ-խմեմ, հինգն ապաշխարեմ»:
Երբ տասը տարին անցավ, մտածեց «Չորսն ուտեմ, մեկն ապաշխարեմ»: Երբ սա ևս լրացավ, ասաց. «Տասնմեկ ամիսն ուտեմ–խմեմ, մեկ ամիսը բավական է»: Իսկ հետո ասաց, «Քսանհինգ օրն ուտեմ, հինգ օր ապաշխարեմ»:
Տասնհինգ տարի բոլորովին չապաշխարեց և մտքում ասում է. «Ինչ որ ասաց հրեշտակը, չկատարեցի: Փախչեմ հաբեշների աշխարհը գնամ, երեսս սևեմ և լեզուս փոխեմ, որ երբ հրեշտակը գա՝ չճանաչի ինձ»:
Եվ հագնելով արաբ կնոջ շորեր, մրով սևացնելով երեսը, ճանապարհ էր գնում արաբ կանանց հետ: Երբ տասն օրը լրացավ, հրեշտակն եկավ ու ասաց.
— Ո՞ւր ես գնում, ջրաղացպան:
Նա սկսեց արաբերեն խոսել.
— Քեզ չեմ ճանաչում, աշտա խալ սաղի:
Եվ ասում է հրեշտակին.
— Ի՞նչ ես ասում, պարոն:
Հրեշտակն ասում է.
— Ո՜վ ողորմելի, այն ժամանակ սպիտակ երեսով չեկար արքայություն, հիմա արի սև երեսով դժոխք տանեմ:
Հոգին առավ և տարավ դժոխք:

ԳՈՂ ԿՐՈՆԱՎՈՐԸ

Մի կրոնավոր, գալով խոստովանահոր մոտ, ասում է.
— Հա՛յր, թողություն արա ինձ և աղոթիր ինձ համար, քանի որ գողանում ու թաքուն ուտում եմ:
— Ինչո՞ւ ես այդ անում, սովա՞ծ ես մնում:
— Այո, այդպես է, չեմ բավարարվում տրված կերակրով և չեմ համարձակվում նորից խնդրել:
Խոստովանահայրն ասում է.

— Ինչո՞ւ չես գնում վանահոր մոտ, որ պատմես նրան կարիքներդ:
— Ամոթը չի թողնում ինձ,— ասում է նա: Խոստովանահայրը հարցնում է.
— Ուզո՞ւմ ես, ես կասեմ վանահորը քո կարիքների մասին:
— Արա՛ ինչպես կամենաս,— պատասխանում է կրոնավորը:
Խոստովանահայրը գնաց առաջնորդի մոտ և պատմեց նրան: Իսկ նա ասում է.
— Ինչպես քեզ լավ է թվում, արա:
Այն ժամանակ խոստովանահայրը, առնելով կրոնավորին, գնաց մառանապետի մոտ և ասաց.
— Այս եղբայրը ինչքան գա քեզ մոտ, կերակրիր՝ որքան կամենա և երբեք մի արգելիր: Եվ նա այդպես էր անում:
Դարձյալ մի քանի օր հետո կրոնավորն եկավ խոստովանահոր մոտ և ասում է.
— Թողություն արա ինձ, հայր, դարձյալ գողանում ու թաքուն ուտում եմ:
Խոստովանահայրը հարցրեց նրան.
— Ինչո՞ւ ես այդ անում, տնտեսը մերժո՞ւմ է ինչ որ ուզում ես:
— Ո՛չ,— ասում է նա,— ընդհակառակն, ինչ որ ուզում եմ սիրով տալիս է, բայց ես ամաչում եմ:
Այնժամ խոստովանահայրն ասում է.
— Եթե ես քեզ տայի, կամաչեի՞ր:
Պատասխանում է.
— Ո՛չ:
Եվ նա ասում է.
— Ուրեմն արի ինձ մոտ և առ, ինչ կամենում ես և մի գողանա:
Ու նա գալիս էր նրա մոտ և ուզածն առնում:
Շուտով կրկին սկսեց գողանալ և գալով խոստովանահոր մոտ, տխուր ու վշտագին ասում է.
— Հայր, ես նորից գողանում եմ:
Եվ նա ասում է.
— Ինչո՞ւ, սիրելիս, քո ո՞ր ուզածը չեմ տալիս:
— Ոչինչ,— ասում է նա:
Խոստովանահայրն ասում է.
— Բա ինչո՞ւ ես գողանում:
Պատասխանում է.
— Թողություն արա, չգիտեմ, թե ինչու եմ գողանում: Իսկ նա հարցնում է.

— Ասա ինձ, ի՞նչ ես անում այն, որ գողանում ես:
— Ավանակներին եմ տալիս,— պատասխանում է սա: Պարզվեց, որ գողանում էր բակլա, սիսեռ, սոխ, թուզ, չամիչ և սրանց նման այլ բաներ, ինչ պատահեր, և այդ ամենի կեսը ուրիշ տեղ պահում էր և երբ չգիտեր, թե ինչ անի, ավանակի և այլ անասունների առաջ էր դնում:
Եղբայրներ, տեսեք, թե ինչպիսի թշվառություն է վատ սովորույթը, որ եթե մեկը որևէ ախտի հետևի, անպայման մեղքերին գերի կդառնա:

ՄԵԾԱԽՈՍ ՃԳՆԱՎՈՐԸ

Մի ճգնավոր ուներ փոքրիկ մի աշակերտ և ամեն օր ուղարկում էր աղբյուրը ջրի: Տղան գնում, փարչը լցնում էր ջրով և երբ ուզում էր գալ, մի սատանա, պատանու կերպարանքով ելնում էր աղբյուրից, աշակերտի ձեռքից վերցնում էր ջուրը և խաղ անելով թափում: Ինչքան նա լցնում էր, սատանան թափում էր և ուշացնում տղային, որ ճգնավորը բարկանա կամ հայհոյի, կամ մեծ-մեծ խոսի: Այդպես էլ եղավ:
Մի օր ճգնավորը հարցրեց աշակերտին.
— Երբ գնում ես աղբյուրը, ինչո՞ւ ես ուշանում:
Աշակերտն ասում է.
— Աղբյուրից մի տղա է դուրս գալիս և խաղալով ջուրս թափում: Քանի ես լցնում եմ, որ գամ, նա չի թողնում, դրա համար ուշանում եմ:
Ու մի օր էլ աշակերտը շատ ուշացավ, իսկ ճգնավորը խիստ ծարավեց և զայրացավ: Երբ աշակերտն եկավ, ասաց նրան.
— Որդյակ, եթե մի անգամ էլ աղբյուրը գնաս և այն տղան գա հետդ խաղալու, դու ասա նրան՝ թե լավ մարդ ես, գնա վարդապետիս հետ խաղա:
Մյուս անգամ աշակերտը գնաց աղբյուրը ջրի, սատանան ելավ աղբյուրից, որ հետը խաղ անի: Աշակերտն ասաց.
— Թե լավ խաղացող ես, գնա իմ վարդապետի հետ խաղա:
Սատանան հարցրեց.

— Այդ խոսքը քեզնի՞ց ես ասում, թե վարդապետդ է ասել:
— Վարդապետս ասաց,— պատասխանում է աշակերտը:
— Ջուրն առ ու գնա,— ասաց սատանան,— դու ինձնից ազատվեցիր, ես գնամ վարդապետիդ հետ խաղամ:
Սատանան, որ նախ պատանու կերպարանքով էր, գնաց, հակառակվեց ձգնավորին, մինչև նրան հասցրեց շնության, հարբեցողության, գողության և այլ չարագործությունների:
Եվ մի օր քաղաքացիները հավաքվեցին ու գնացին դատավորի մոտ, պատմեցին ձգնավորի բոլոր չարագործությունները: Դատավորը հրամայեց կախել նրան: Առան–տարան կախելու: Վերջին պահին հայտնվեց սատանան ու ասաց.
— Ճգնավո՛ր աբեղա, քեզ հետ էլի՞ խաղամ, թե բավական է:
Այստեղ աբեղան հասկացավ, որ պատճառը այն օրվա հպարտ խոսքն էր, որ ասաց աշակերտին՝ «Գնա ասա, թե լավ խաղացող է, թող գա ինձ հետ խաղա»:
Երբ աբեղան լսեց սատանայի խոսքը, երեսի վրա ընկավ և աղաչեց դահիճներին՝ չկախել իրեն, այլ տանել դատավորի մոտ: Տարան: Աբեղան, սկզբից ինչ որ եղել էր, բոլորը պատմեց, խոստովանելով իր մեղքերի պատճառը, սատանայից պարտվելը: Այն ժամանակ դատավորը ազատեց աբեղային ու ասաց.
— Այլևս մեծ–մեծ չխոսես, որ փորձանքի չհանդիպես:
Ճշմարիտ է սա. մարդ բոլորովին չպիտի մեծախոսի կամ պարծենա, թե ես այս կանեմ: Ասացվածք կա՝ «Մի բան արա, հետո պարծեցիր»:

ՄԻ ԱՌԱԿ ՀԱՄԲԵՐՈՒԹՅԱՆ ՎԵՐԱԲԵՐՅԱԼ

Մի վարդապետ, աշակերտին համբերություն սովորեցնելու համար, նրան ուղարկում է գերեզմանատուն՝ շիրմաքարերը գովելու: Մյուս օրը ուղարկում է նախատելու և հայհոյելու, իսկ հետո հարցնում է.
— Քո գովելուց քարերը հպարտացա՞ն:
Ասում է՝ ոչ:
— Իսկ հայհոյելուցդ ըժգոհեցի՞ն արդյոք և որևէ բան ասացի՞ն:

— Ամենևին ոչ։
— Դու ևս գնա,— ասում է վարդապետը,— այդպես արա։ Գովեստից մի փքվիր և անարգելուց մի տրտմիր։

ԱԼԵՔՍԱՆԴՐԸ ԵՎ ԿԱՐԱՍՈՒՄ ՆՍՏԱԾ ԻՄԱՍՏՈՒՆԸ

Ալեքսանդրը տեսավ մի իմաստունի, որ ննջում էր կարասում և ասաց.
— Ո՜վ կարաս, լի՛ իմաստությամբ։
— Թող մի կաթիլ բախտ ունենայի և ոչ թե ՛մի կարաս իմաստություն,— արթնանալով ասաց իմաստունը։
— Ես կուզեի մի կաթիլ խելք և ոչ մի կարաս լիքը բախտ,— ասում է արքան։
Իմաստունն ասում է.
— Տեսնում եմ իմաստուններին, որ շրջում են բախտավորների դռներում։
Արքան ասում է
— Խնդրիր ինձնից, ինչ որ քեզ պետք է՝ կտամ։
— Դու չես կարող տալ ինչ որ ինձ պետք է,— ասում է իմաստունը։
— Ես ամբողջ աշխարհի թագավորն եմ և քեզ պետք եղածը չե՞մ կարող տալ,— զարմացավ արքան։
— Ինձ անմահություն տո՛ւր,— ասում է իմաստունը։
— Անմահության տվողն աստված է միայն,— պատասխանում է արքան։
Եվ իմաստունն ասում է.
— Իսկ ինչ որ դու կարող ես տալ, ինձ պետք չէ։

ԱԼԵՔՍԱՆԴՐԸ ԵՎ ՄԵՐԿ ԻՄԱՍՏԱՍԵՐՆԵՐԸ

Աքեքսանդրի պատմության մեջ գրված է այնպես. երբ նա սպանեց հնդիկների Պովրաս թագավորին և գնաց առաջ, հանդիպեց մերկ

իմաստասերների, բազում բաներ հարցրեց նրանց, ու նրանք պատասխանեցին։
Առաջին հարցն այս էր.
— Ի՞նչն է դառն աշխարհում։
Նրանք պատասխանեցին.
— Նախանձը և ատելությունը ամեն ինչից դառն են, ավելի քան օձառն ու լեղին։
— Իսկ ի՞նչն է քաղցր։
— Ընկերասիրությունն ու միաբանությունն ավելի քաղցր են, քան մեղր ու շաքարը։
Եվ հարցրեց.
— Ի՞նչն է աշխարհում ծանր։
— Չարախոսությունն ու զրպարտությունը, երբ մարդ անմեղ է լինում և իզուր դատապարտում են, տուգանում կամ չարչարում։ Դա ծանր է, քան արճիճն ու երկաթը։
— Իսկ թեթև ի՞նչն է։
— Խոնարհությունն ու հնազանդությունը։
— Աշխարհիս ո՞ր կողմն է լավ,— հարցրեց Ալեքսանդրը։
— Արևելքը, որ լույս է ծագում և առողջարար օդ ուղարկում բոլոր կողմերը։
— Իսկ մարդու ո՞ր կողմն է լավ, ա՞ջը թե ձախը,— հարցրեց նա։
Պատասխանեցին.
— Տղամարդու ձախը, կնոջ աջն է լավ՝ որդեծնության համար։
— Որ այդպես իմաստուն եք,— ասաց թագավորը,— խնդրեցեք՝ ինչ կամենաք, և ես ձեզ կտամ։
Եվ նրանք միաբերան ասում են.
— Մեզ անմահություն տուր։
Թագավորն ասաց.
— Ինքս եմ մահկանացու, ինչպե՞ս կարող եմ ձեզ տալ անմահություն։
Իմաստուններն ասում են.
— Գիտե՞ս, որ մահկանացու ես։
Ասում է՝ Այո։
— Բա ինչո՞ւ չես հանգստանում և խաղաղություն հաստատում աշխարհում։ Մի՛ շրջիր,— ասում են,— այլ գնա՛, նստիր գահիդ և խաղաղություն տուր աշխարհին։

ԱԼԵՔՍԱՆԴՐԸ ԵՎ ՀՆԴԻԿ ԱՂԵՂՆԱՎՈՐԸ

Ալեքսանդրը մի հնդիկ աղեղնավորից լսեց, թե կարող է մատանու ակից անցկացնել նետը: Հրամայեց՝ խփել մատանուն: Իսկ նա հրաժարվեց, որի համար արքան բարկացավ, կարգադրեց սպանել նրան: Եվ դահիճը, հանդիմանելով աղեղնավորին, ասաց.

— Ինչո՞ւ չխփեցիր, որ կենդանի մնայիր, իսկ հիմա՝ մեռնում ես իզուր:

Եվ նա պատասխանեց.

— Շատ ժամանակ է, որ աղեղը ձեռքս չեմ առել, վախեցա, թե փառքս կորցնեմ:

Սա անմիջապես հայտնեցին թագավորին: Եվ նա շատ զարմացավ, ազատեց մարդուն, բազմաթիվ նվերներ տվեց այն բանի համար, որ մահ հանձն առավ, որպեսզի հանկարծ իր փառքին անարժան չերևա:

ԲԱՄԲԱՍԿՈՏ ԿԻՆԸ

Հովհաննես Կարճին հարցրեցին, թե արատավոր մարդն ինչպե՞ս կարող է իրեն թողած՝ ուրիշներին բամբասել:

Եվ նա ասում է.

— Լսիր այս առակը:

Մի մարդ կամեցավ մի աղքատ կնոջ հետ ամուսնանալ, որովհետև ինքն աղքատ էր: Մի այլ կին ցանկացավ նրան. սա ևս աղքատ էր: Եվ մարդը երկուսին էլ տարավ իր տունը, երկուսն էլ մերկ էին: Երեկոյան կանանցից մեկն ելավ աղբանոցներից ու փողոցներից թափված հնոտիներ հավաքեց, դրանք կցմցելով ամոթանքը ծածկեց: Երբ մյուս կինը տեսավ, ասաց մարդուն.

— Տեսնո՞ւմ ես այս անպատկառին, որ շրջում է մերկ ու չի ամաչում:

Մարդն ասաց.

— Դու բոլորովին մերկ ես, չես ամաչում և նրա՞ն ես բամբասում:

ՏԳԵՂ ԿԻՆԸ

Մի մարդ տգեղ կին ուներ: Մի օր տեսնելով կնոջը անտրամադիր, հարցնում է.
— Ինչո՞ւ ես տրտմել:
— Այսօր հայելուն նայեցի,— պատասխանում է կինը,— տգեղությանս պատճառով անտրամադիր դարձա:
— Դու մեկ անգամ նայելով ես այդչափ տրտմել,— չի համբերում ամուսինը,— ես ամեն օր եմ տխուր, որովհետև ամեն օր եմ երեսդ տեսնում:

ԿԱՄԱԿՈՐ ԿԻՆԸ

Մի մարդ իր կնոջ հետ անցնում էր հնձած արտը մոտով:
— Տեսնո՞ւմ ես, որքան գեղեցիկ ու լավ է հնձած արտը,— ասում է նա կնոջը:
— Ոչ թե հնձած է, այլ խուզած,– հակաճառում է կինը ամուսնուն:
Քանի ամուսինն ասում է՝ հնձած է, կինը թե՝ չէ, խուզած է:
Բարկանալով՝ ամուսինը կնոջը նետում է ջուրը:
Եվ քանի որ կինն այլևս չէր կարող խոսել, ուստի հանեց ձեռքը ջրից դուրս ու, երկու մատները մկրատի կերպ շարժելով, մինչև մեռնելը պնդեց, թե արտը խուզած է:

ԱՄՈՒՍՆՈՒԹՅԱՆ ՊԱՏՐԱՍՏՎՈՂ ՄԱՐԴԸ

Մի մարդ տուն էր շինում: Փորում է տան հիմքը, շարում աղյուսով, իսկ աղյուսի վրա շարում է քար:
— Ի՞նչ ես անում, եղբայր,— ասում է մեկը,— պետք է ներքևում քարը շարել, վերևում՝ աղյուսը:

— Պատրաստվում եմ ամուսնանալու,—- ծիծաղելով պատասխանում է տանտերը,— կինս եկավ, միևնույն է, շուռ է տալու տունը, պատերը կուղղվեն:

ԱԼԵՔՍԱՆԴՐԸ, ՏԱՍՆԵՐԿՈՒ ԿԱՆԱՅՔ ԵՎ ԱՐԻՍՏՈՏԵԼԸ

Ասում են, Ալեքսանդր Մեծն ուներ տասներկու կին և Արիստոտելի խորհրդով բացի մեկից բոլորին արձակեց: Կանանցից մեկը Արիստոտելի տան ճանապարհին բնակարան վարձեց, և ինչքան Արիստոտելն անցնում էր, սա զարդարված կանգնում էր դռանը: Նրան տեսնելով, Արիստոտելն սկսեց ցանկանալ: Կինն իմացավ, կանչեց նրան իր մոտ և խոստացավ այսինչ օրը նրա կամքը կատարել, բայց նախ լուր ուղարկեց, կանչեց Ալեքսանդրին:
Պայմանավորված օրը Արիստոտելն եկավ: Նա ծեր էր և երկայնամորուս:
Կինն ասաց.
— Չե՛մ կարող կատարել քո իղձը, եթե ինձ չառնես ուսիդ և յոթն անգամ պտույտ չտաս շենքի գավթում:
Ծերունին համաձայնեց և մինչ կատարեց պայմանը և ուզում էին գնալ ժամանցին, Ալեքսանդրը չհամբերեց, մերկացրեց սուրը, վազեց սպանելու Արիստոտելին, ասելով.
— Ո՜վ չար ծերունի, դրան ինձնից հեռացրիր, որ դո՞ւ վայելես:
Արիստոտելն ասաց.
— Համբերի՛ր, ով թագավոր, ես քեզ կասեմ: Ես որ փիլիսոփա և իմաստասեր էի, մանավանդ ծեր ու երկայնամորուս, այս աղջիկն ինձ այսպես խեղճացրեց, դու երիտասարդ ու փափկասուն ես, քեզ համար ի՜նչ որոգայթ էր լարելու:
Այս ասելով, մեղմացրեց Ալեքսանդրի բարկությունն ու ազատվեց մահից:

ԲԱՆԱՍՏԵՂԾ ՀՈՄԵՐՈՍԸ ԵՎ ՁԿՆՈՐՍՆԵՐ

Բանաստեղծ Հոմերոսը արկադացիների գավառում ձկնորսների հանդիպեց, որ իրենց վրայից միջատներ էին հանում, և այսպես հարցրեց նրանց։
— Ո՛վ արկադացի ձկնորսներ, արդյոք մի բան ձեռքերի ընկե՞լ է։
Հարցի իմաստն այս էր, «Ով մարդիկ՝ արհեստով ձկնորս, արդյոք որևէ բան որսացե՞լ եք»։
Նրանք պատասխանում են այսպիսի հանելուկով.
— Այն, որ բռնեցինք, դրան չէինք հետապնդում, իսկ որ չենք բռնել մոտներս ունենք։
Դա նշանակում էր. «Միջատներից որը բռնեցինք՝ սպանեցինք, և որոնք չենք բռնել, մեզ վրա են»։
Եվ քանի որ Հոմերոսը չհասկացավ այս առեղծվածը, շուտով վշտից մահացավ։

ՀԱՅԸ ՍՈՒՏ ՉԻ ԽՈՍԻ

Մի հայ սպանել էր մի այլազգի մարդու։ Ձերբակալելով նրան՝ հանձնեցին Շահ–Աբասի դատին։
— Դո՞ւ ես սպանել այլազգուն, թե՞ ոչ,— հարցրել էր նրան Շահ–Աբասը։ «Թե՞ ոչ» ասելով, թագավորը կամեցել էր ազդել նրա վրա, որ ասի՝ ոչ։
Հայը խոստովանել էր, թե՝ այո, ինքն է սպանողը։ Թագավորը հրամայել է այդ օրը հետաձգել դատը, ասելով.
— Հարբած է։
Հետևյալ օրը արքան կրկնել է նույն հարցը, բայց հայը դարձյալ նույնն է պատասխանել։
— Հարբածության թմրությունը վրան է,— ասելով, այս անգամ ևս թագավորը հետաձգել է դատը։
Եվ երրորդ օրը իր հարցի դիմաց հայից լսելով նույն խոստովանությունը, Շահ–Աբասը բողոքարկուին առաջարկել է։

— Ես յուրաքանչյուր հայի վրա ծախսել եմ հազար թուման, մինչև որ հասցրել եմ այստեղ: Տուր ինձ հազար թուման, և ես քեզ կհանձնեմ մահապարտ հային, որ սպանես:
Երբ բողոքարկուն հրաժարվել է արքայի առաջարկությունից, արքան հային ազատ է արձակել:
Այն մահապարտ հայի ճշմարիտ խոստովանությունից սկսած՝ մինչև այսօր էլ պարսիկները ասացվածք ունեն, թե «Հայը սուտ չի խոսի»:

ՇԱՀ -ԱԲԱՍԸ ԵՎ ՀԱՅԵՐԸ

Շահ–Աբասը ոչ միայն կառուցում էր բազմաթիվ շենքեր, այլև տնկում էր այգիներ ու պարտեզներ: Ծերերի պատմելով, հայերը գաղտնի հանում էին Շահ–Աբասի տնկած ծառերն ու տանում: Իմացավ այդ մասին Շահ–Աբասը և պատվիրեց ծառաներին հետևել ու տեսնել, թե ի՞նչ են անում հայերը գողացած տնկիները:
Եվ երբ տեղեկացավ, որ այդ ծառերը նրանք տնկում են իրենց տների շուրջը ու այգիներում, ուրախությամբ հրամայեց այգեպաններին ավելի շատ տնկիներ դնել ու, չտեսնելու տալով, թույլատրել հայերին տանել որքան ուզում են:

ՇԱՀ-ԱԲԱՍՆ ՈՒ ՀԱՐԲԱԾ ՀԱՅԸ

Մի անգամ, երբ Շահ–Աբասը անցնելիս է լինում, մի հարբած հայ մոտենալով՝ բռնում է նրա նժույգի սանձից ու ասում.
— Քանիսո՞վ ես վաճառում այս ձին, ես առնել եմ ուզում:
Շահ–Աբասը հրամայում է ծառաներին նրան տուն տանել և հաջորդ օրը բերել իր մոտ: Ծառաները հային տանում են տուն: Սթափվելով հարբածությունից, նա իրազեկ է դառնում եղելությանը ու ահը սրտում՝ մնում տարակուսած: Կինը նրան

խրատում է Շահ–Աբասի մոտ գնալիս հետը զինի վերցնել և սովորեցնում է, թե ինչ պիտի ասի: Ծառաները տանում են նրան արքայի մոտ:
— Քանիսո՞վ ես ուզում գնել իմ ձին,— հարցնում է Շահ–Աբբասը:
Հայը հանում է զինին, դնում թագավորի առջև ու ասում.
— Տե՛ր իմ, սա է նժույգդ գնողը, ձերդ վեհափառությունը վաճառողն է, իսկ ես լոկ միջնորդ եմ այդ առևտրի մեջ: Դուք միասին վերջնականապես որոշեցեք ձիու գինը և եթե միջնորդիս էլ մի բան նվիրեք, այն էլ ձեր բարեշնորհությունը կլինի:
Շահ–Աբասը, հավանելով հայի պատասխանը, պարգևատրում է նրան ու ազատ արձակում:

ՄՈՐ ԱՆԵԾՔԸ

Մարդ ու կին ունեին մի որդի: Տվեցին նրան ուսման, շատ իմաստուն մարդ դարձավ, հասավ այն գիտակցության, որ աշխարհը, ամեն ինչ, որ կա աշխարհում, անցավոր են ու գնացական, վերջը մահն է, մեռնելը և սիրելիներից բաժանվելը:
Ելավ նա զաղտնաբար մի լեռան վրա և քառասուն տարի ճգնեց այնտեղ: Եվ քառասուն տարի մայրը, գիշեր–ցերեկ լալով, փնտրեց նրան, մինչև որ գտավ: Իսկ որդին, երբ տեսավ մորը, մտավ քարայրը, դուռը պինդ փակեց ու սկսեց աղոթել:
— Ո՛վ քաղցրիկ ու անուշ մինուճար որդյակ,— բախելով դուռը, լալով աղերսեց մայրը,— ով իմ ծերության նեցուկ ու գավազան, խղճա մորդ ու եկ, որ տեսնեմ դեմքդ, քանզի քառասուն տարի է, որ կարոտ եմ քեզ և քեզնից բացի ուրիշ սիրելի ու հարազատ չունեմ:
— Մա՛յր իմ,— պատասխանեց որդին,— այս աշխարհում իրար տեսնելու հնար չկա, գնա աստվածային օրենքներն ու պատվիրանները բարի գործով կատարիր, որ երկուսս էլ, երբ այս աշխարհից մահվամբ հեռանանք ու արժանանանք հավիտենական կյանքին, ուրախությամբ տեսնենք իրար:
Շատ աղաչեց մայրը որդուն: Սրտակտուր, աղերսախառն ու ողբալի բաներ շատ ասաց, բայց որդին ականջ չդրեց: Այդ

ժամանակ մայրը, բանալով գլուխը և կուրծքը ծեծելով, անիծեց որդուն:
— Որդյա՛կ, դու չլսեցիր իմ աղաչանքները, հաշվի չառար ծերությունս ու չարչարանքներս, կարոտս ու փափագներս, չխղճացիր ինձ: Խնդրում եմ աստծուց, որ անօրեն ու դաժան մարդկանց ձեռքն ընկնես, գլուխդ բաց, աչքերդ թաց, վզիդ՝ շղթա ու ձեռքդ կապած, ցիցն ուսիդ, դահիճը՝ մոտդ, դատավորների ու թագավորների առջև հրապարակում կանգնած խայտառակվես:
Թողեց մայրը որդուն քարայրում և թաց աչքերով գնաց տուն:
Երկու օր անց քարայրի մոտի ճանապարհով վաճառականներ էին անցնում: Ավազակները հարձակվեցին նրանց վրա, բոլորին կոտորեցին և, թալանելով նրանց ունեցվածքը՝ ապրանքն ու գանձը, հեռացան:
Հաջորդ օրը, տեսնելով սպանված ու կողոպտված մարդկանց, եկան բռնեցին ճգնավորին, ասելով.
— Դու ես արել, կամ ընկեր ես ավազակներին:
Ձեռքերն ետևը կապեցին, գլուխը՝ բաց, ցիցը մեջքին, առան տանելու: Այդ ժամանակ ճգնավորը, նայելով քարայրի մոտի բազմաթիվ ծառերին ասաց.
— Աստծու հրամանով թող երկու ծառ ելնեն իրենց տեղից, գան ինձ հետ և թագավորի առջև ճիշտ, վկայություն տան:
Երկու ծառ ելան արմատներով և ճգնավորի հետ գնացին.
Թագավորը տեսավ ծառերն ու զարմացավ: Այնժամ ծառերը լեզու առան և ասացին, թե ովքեր են մարդասպանները: Ճգնավորն ազատվեց:
— Եթե դու այդպիսի հրաշագործ մարդ ես,— դիմեց նրան թագավորը,— ինչո՞ւ իմ ծառաներից չազատվեցիր, որ այդպես խայտառակ կերպով բերեցին քեզ:
— Իմ մայրն ինձ այսպես անիծեց,— ասաց ճգնավորը,— աստված լսեց մորս և անեծքը կատարեց:
Լսելով այս, թագավորը դիմեց հավաքվածներին.
— Լսեցեք ու միտք արեք: Եթե մեկ անգամ մոր անեծքով այսպիսի հրաշագործ ճգնավորը խայտառակ եղավ, ապա հազար վայ այն զավակներին, որոնք ամեն օր քրքրում են իրենց ծնողներին, կամ դուրս են անում կամ անարգում են, ժառանգելով նրանց անեծքը: Որդին, եթե անիծվում է ծնողից, անիծվում է նաև աստծուց, օրհնվում է ծնողից՝ օրհնվում է և աստծուց:

ԹԵ ԻՆՉՊԵՍ ՄԻ ՍԱՏԱՆԱ ԽԱԲԵՑ ԿՐՈՆԱՎՈՐԻՆ

Մենախցում մի կրոնավոր կար, որ աղաչում էր աստծուն և ասում:
— Տե՛ր, արժանի անես ինձ հասնելու Իսահակ նախահոր տարիքին:
Եվ երբ բազում օրեր աղաչեց, երկնքից ձայն հասավ նրան, որ ասում էր. «Դու չես կարող հասնել Իսահակ նահապետի հասակին»:
Իսկ կրոնավորն ասում է, «Թե չեմ կարող հասնել Իսահակի հասակին, գոնե Հոբի տարիքին հասցնես ինձ, տեր»:
Դարձյալ աստվածային ձայնն ասում է կրոնավորին.
«Եթե դու ևս պատերազմես և հաղթես թշնամուն, ինչպես Հոբը, ապա կլինես նրա չափ»:
Իսկ կրոնավորը խոստացավ ամեն ինչ անել ու մարտնչել սատանայի դեմ: Այնժամ դարձյալ երկնքից լսեց ձայնը, որ ասում էր. «Այժմ գնա քո սենյակը և արիությամբ պատրաստվիր»:
Եվ գնաց պատրաստվելու պատերազմի: Բայց օրեր անց մոռացավ, որ խոստացել է դիմագրավել սատանայի փորձանքներին: Եվ ահա, մի քանի օր հետո սատանան զինվորի կերպարանք մտած եկավ ծերի մոտ ու ասում է.
— Աղաչում եմ քեզ, հա՛յր, ողորմիր ինձ՝ թագավորից հալածվածիս, և առ ինձնից այս երկու հարյուր լիտր դահեկան ոսկին, այս աղջիկը և պատանին, սրանց պահիր ծածուկ տեղ, իսկ ես փախչեմ, գնամ հեռու աշխարհ և որոշ ժամանակ այնտեղ թաքնվեմ:
— Որդյա՛կ,— ասում է նրան ծերը,— ես չեմ կարող պահել, որովհետև աղքատ մարդ եմ: Եվ ինչո՞ւ պիտի պահեմ կամ թաքցնեմ այս ամենը:
Իսկ զինվորը բազում պաղատանքներով ստիպում է ծերին պահել:
Ծերն ասում է նրան.
— Գնա՛, որդյա՛կ, և ոսկիդ թող այն քարերի մեջ: Չգիտեր, թե դա դևերի խաբեություն է:
Իսկ երբ զինվորը ուզեց գնալ, թաղել ոսկին քարերի մեջ, ծերը ձայնեց նրա ետևից.
— Բեր այստեղ ինձ մոտ, որդյա՛կ, բե՛ր մոտս:
Եվ զինվորը ոսկին բերեց ու տվեց կրոնավորին: Նա վերցրեց ոսկին, աղջիկն ու տղան՝ պահելու, որովհետև խաբվեց դևից:

Օրեր անց սաստիկ խռովություն ընկավ կրոնավորի սիրտը, հարձակվեց աղջկա վրա ու ապականեց նրան: Հետո նեղվեց իր արածից ու չարիքի վրա նոր չարիք ավելացնելով, ասաց մտքում, «Սպանեմ մանկանը, որ ինձ չմատնի»: Եվ հարձակվեց ու սպանեց տղային: Իսկ մի քանի օր հետո ինքն իրեն ասում է. «Ահա, ահա կգա զինվորը, չի գտնի տղային ու կսպանի ինձ նրա պատճառով: Ավելի լավ չէ՞ սպանեմ նաև աղջկան և այն գանձն առնելով փախչեմ օտար երկիր ու չընկնեմ զինվորի ձեռքը»:
Այդպես էլ արեց: Սպանեց նաև աղջկան, թաքցրեց հողի տակ, ինչպես տղային: Եվ վերցնելով գանձը, գնաց հեռու երկիր, այն հարստությամբ եկեղեցի շինեց և տուն՝ ապրելու համար: Երբ վերջացրեց այդ գործը, եկավ այն դև զինվորը և սկսեց ձայնել ու բարձրաձայն ասել.
— Ա՜յ քեզ պատիժ, վա՜յ ինձ, օգնեցեք ինձ, մարդի՛կ, ախար այս ծերը իմ գանձերով շինեց այս ամենը:
Մարդիկ հարձակվեցին նենգ զինվորի վրա և նրան վտարեցին այնտեղից: Իսկ նա ասում է կրոնավորին.
— Կրոնավո՛ր, այնպիսի չարիք կբերեմ գլխիդ, որ ոչ մեկի մտքով չի անցել:— Եվ հեռացավ:
Իսկ կրոնավորը հանգիստ չուներ, միշտ մտազբաղ էր գիշեր-ցերեկ ու մեղադրում էր իրեն, մինչև որոշեց հեռանալ այդ տեղից: Եվ ասում է ինքն իրեն. «Քո գործերը հայտնի են նաև այստեղ, վերցրու գանձի մնացորդը և գնա հեռու աշխարհ, ուր չի կարողանա գալ զինվորը»:
Նա վեր կացավ գնաց մի հեռու քաղաք, որ ինքը հարմար էր համարում: Այնտեղ նա հանդիպեց մի աղջկա, որ դահճապետի դուստր էր: Եվ խոսելով աղջկա հետ, նրան կնության առավ:
Մի քանի օր անց մահացավ աղջկա հայրը: Այն ժամանակ իշխանը դահճապետի փեսային նշանակեց նրա փոխարեն, որովհետև այդ երկրի կարգն էր՝ երբ զինվորական դասերից կամ պատվավորներից մարդ էր մեռնում, հանգուցյալի փոխարեն նշանակում էին նրան, ով ամուսնանում էր մեռածի կնոջ հետ և կամ ով նրա դստեր ամուսինն էր: Եվ երբ նրան դահճապետ կարգեցին (այստեղ չեմ կարող առանց արտասուքի պատմել նրա չարությունը), ամբողջ երկրից նրանց, ում տանջանքների պատժաչափ էր վիճակվում, նա էր չարչարողն ու սպանողը: Բազում անգամ հրամայում էր իշխանը ոմանց զցել եռացող

կաթսան և ուրիշներին խորովել թավայով, կամ քերող գործիքով տանջել կամ մեխել և այլ բազմակերպ տանջանքներով պատժել: Բոլոր պատիժներից նա ընտրում էր խստագույնը, որովհետև նոր էր նշանակվել այդ գործին և ցանկանում էր աչքի ընկնել: Եվ ահա սատանան զինվորի տեսքով եկավ ու սկսեց բարձրաձայն ասել.
— Վա՜յ ինձ, եղկելիիս, օգնեցեք ինձ:
Եվ նրա ձայնի սաստկությունից մեծ բազմություն հավաքվեց այնտեղ: Նա խնդրում էր դատավորից պատժել իր թշնամուն: Իսկ դատավորը, նայելով զինվորին, ասում է.
— Հանդարտվի՛ր, ուշքի եկ և հանգիստ պատմիր մեզ ամեն ինչ: Ինչո՞ւ ես աղմկում կատաղած շան նման:
— Այս դահիճը, ո՜վ իշխան, կրոնավոր էր,— պատասխանեց զինվորը,— իսկ ես իմ թշնամիներից հետապնդված եկա սրա մոտ և սրան տվեցի պահելու երկու հարյուր լիտր ոսկի, իմ պատանի ծառան և նաժիշտս՝ կույս աղջիկ: Այժմ հրամայիր իմ պահուստը վերադարձնել:
Իմանալով ոսկու չափը, իշխանն ուրախությամբ էր լսում՝ շահի հուսով, և սկսեց եռանդով հարցաքննել ծեր դահճին, թե արդյոք ճշմարի՞տ են զինվորի խոսքերը:
Եվ նա ասում է.
— Այդպես էր բոլորը, բերեց այդ ամենն ինձ մոտ, բայց շուտով եկավ տանելու, և ես ամեն ինչ վերադարձրի իրեն անպակաս:
— Որ քեզ է տվել, դու էլ ես վկայում,— ասում է նրան իշխանը:— Հիմա ունե՞ս նրա ստորագրությունը և վկա, որ դարձյալ տարել է քեզնից:
Եվ նա պապանձվեց: Իսկ երբ ստիպված եղավ, խոստովանեց աղջկա և տղայի սպանումն իր ձեռքով և գանձը հսպառ ծախսելը: Իշխանը տեսավ, որ այդ գործից ոչինչ չի շահելու, հրամայեց սպանել դահճին: Երբ տանում էին սպանելու, նրան մատնող զինվորը ընդառաջ եկավ փողոցում և հարցրեց.
— Ճանաչո՞ւմ ես ինձ, կրոնավոր, թե ով եմ ես:
— Կարծեմ դու այն զինվորն ես,— ասում է նա,— որ չար ժամի ծանոթացա, որ ինձ մոտ բերիր աղջկան, այն տղային ու գանձը՝ պահ տալու:
Զինվորը նրան ասում է.
— Ես բանսարկու սատանան եմ, որ խաբեցի նախաստեղծ

Ադամին և հիմա մարդկանցից ոչ մեկին չեմ թողնում ապրելու, չեմ թողնում, որ Իսաահակի, Հակոբի կամ Հոբի չափ լինեն, այլ շտապում եմ բոլորին Զակխոսբելի և Հուդա Իսկարովտացու, Կայենի, Բաբելոնի ծերերի և մյուսների օրը զցել: Գնա՛ այժմ դու ևս նրանց ետևից, քանի որ չհասկացար, որ մենք հյուսեցինք նենգության ու խաբեության շղթաները, տառապի՛ր նրանց հետ, քանի որ չիմացար մեր աներևույթ պատերազմը, և թող ոչ ոք չհպարտանա ավելի, քան իր կարողությունն է և չհանդգնի փնտրել ավելի բարձր բաներ ու նմանվել սուրբ այրերին: Դու հետևեցիր այն բոլոր չարիքներին, որ ես արեցի քեզ, ու ամբողջ մարդկային ցեղին: Եվ ահա դու, որ պատրաստ էիր իմ դեմ պատերազմելու, տեսար քո զորության չափը, քո արժանիքներին համապատասխան վարձատրվեցիր՝ այստեղ և այնտեղ նույնպես: Հենց որ սա ասաց, անհայտացավ մարդկանց թշնամին: Եվ եղկելի կրոնավորը, որ, խաբվելով դևերից, խայտառակվել էր իր ամբարտավանության ու սնափառության պատճառով, դարձել դաժան, չարաչար տանջանքների մատնվեց:

ԵՐԵՔ ԵՂԲԱՅՐՆԵՐԸ

Մի թագավոր ուներ երեք որդի և մի թանկագին քար, որն իր արժողությամբ կազմում էր նրա ողջ թագավորության քառորդ մասը: Չգիտեր որդիներից որին տար քարը, որ մյուսները չնեղանային: Երբ թագավորը մահամերձ հիվանդացավ, կանչեց որդիներից մեկին, քարը տվեց նրան: Սա թաքցրեց ու եղբայրներին բան չասաց: Թագավորի մահից հետո եղբայրների միջև կռիվ ընկավ.

— Դու ես վերցրել քարը,— միմյանց հետ չէին հաշտվում նրանք: Լսեցին, որ մի հեռու քաղաքում մի ճարտար ու իմաստուն դատավոր կա, և միայն նա կարող է լուծել իրենց վեճը: Ելան միասին, գնացին դատավորի մոտ: Ճանապարհին նրանց հանդիպեց այդ դատավորի ուղտապանը:

— Ի՞նչ մարդ ես և ո՞ւր ես գնում,— հարցնում են նրան:

— Ուղտապան եմ,— պատասխանում է նա,— ուղտ եմ կորցրել, փնտրում եմ:
— Քո ուղտը կա՞ղ է,— հարցնում է եղբայրներից մեկը:
— Այո:
— Գնա ճանապարհովդ ու կգտնես:
— Քո ուղտը միաչքանի՞ է,— հարցնում է երկրորդը:
— Այո՛:
— Գնա ճանապարհովդ ու կգտնես:
— Քո ուղտի մեկ ատամը կոտրվա՞ծ է,— հարցնում է երրորդ եղբայրը:
— Այո՛:
— Գնա ճանապարհովդ ու կգտնես:
— Ինչպե՞ս իմացաք իմ ուղտի թերությունները,— հարցրեց ուղտապանը:
Եղբայրներից առաջինը պատասխանեց:
— Նկատեցի, որ երեք ոտքերը ուժեղ էր դրել գետնին ու հետքը երևում էր: Չորրորդ ոտքի հետքը չկար: Դրանից իմացա, որ կաղ է:
— Տեսա,— պատասխանեց մյուսը,— որ նա արածել էր մի կողմի խոտը, իսկ մյուս կողմի խոտը տեղն էր մնացել: Դրանից հասկացա, որ աչքի մեկը կույր է:
— Նկատեցի,— պատասխանեց երրորդը,— որ արածած տեղը մի ատամի չափ խոտ էր մնացել: Դրանից իմացա, որ քո ուղտի ատամի մեկը չկա:
Զարմանալով այդ մարդկանց իմաստությունից, ուղտապանը գնաց նրանց ցույց տված ճանապարհով, գտավ ուղտը, վերադարձավ տուն ու դատավորին պատմեց.
— Երեք ճարտար տղամարդ են գալիս քեզ մոտ դատի:
Մեր ուղտը չտեսած՝ նրա նշաններն իմացան, պատրաստ եղիր, որ սխալ չդատես և ծաղրատեղի չդառնաս:
Լսեց այս ամենը դատավորը և, երբ եղբայրները եկան, նրանց ասաց.
— Այս գիշեր մնացեք իմ տանը, վաղը ձեր դատը կանեմ:
Ու սպասավորներին հրամայեց կերակրել նրանց շուկայի հացով, տալ խորոված ու գինի:
Տեսնելով ուտելիքը, եղբայրներից մեկն ասաց սպասավորին.
— Ձեր դատավորը հացագործի որդի է:
— Այս խորովածից,– ասաց մյուսը,— շան հոտ է գալիս:

— Այս գինին,– ասում է երրորդը,– արյունահամություն ունի:
Եվ հրաժարվեցին ուտել:
Սպասավորները եղբայրների ասածները հայտնեցին դատավորին: Իսկ նա զայրանալով կանչեց մորը ու հարցրեց.
— Ես ո՞ւմ որդին եմ, ճիշտն ասա, թե չէ՝ կսպանեմ քեզ:
— Մի տարի,— պատմեց մայրը,— քո հայրը արշավանքի էր գնացել: Մի հացագործ տղա միշտ գալիս, հաց էր բերում տուն: Դու նրա որդին ես:
Մսավաճառն ասաց.
— Ուլի մայրը սատկեց: Մի սև շուն կար, ուլը նրա կաթը ծծեց, կարծելով, թե իր մայրն է:
Գինեվաճառն ասաց.
— Գինին պատրաստելուց առաջ, խաղողի մեջ մի դանակ կորավ, ու մարդիկ չգտան: Խաղողը ճզմելիս այն մտավ ճզմողի ոտքը, և շատ արյուն հոսեց, խառնվեց հյութին:
— Ինչի՞ց իմացար, որ դատավորը հացագործի որդի է,— հարցրին եղբայրներից առաջինին:
— Ամեն մեկիս մի հաց էր ուղարկել:
— Իսկ դու ի՞նչ իմացար, որ խորովածից շան հոտ է գալի:
— Եթե ուլը իր մոր կաթը կերած լիներ, միսը խորովելիս պիտի քրքրվեր է բայց քանի որ շան կաթ էր կերել, նրա միսը շան մսի նման կոշտացել ու պնդացել էր:
— Դու ինչպե՞ս իմացար, որ գինին արյունախառն է:
— Գինին ամանը լցնելիս, փրփուրը, որ երեսն է բռնում, ճերմակ է լինում, իսկ այս գինու փրփուրը կարմիր կտրեց:
Դատավորը գիշերը չքնեց ու մի սուտ պատմություն հորինեց: Հաջորդ օրն առավոտյան երեք եղբայրները հայտնեցին նրան իրենց զանգատը թանկարժեք քարի մասին:
— Քարի գործը հեշտ է,— ասում է դատավորը,— թողեք դա իր տեղը մնա: Մեր քաղաքում մի դեպք է տեղի ունեցել, զրուցենք այդ մասին: Մի աղջիկ կար, որին ծնողները խոստացել էին ամուսնացնել մի մարդու հետ, բայց հետո փոշմանելով՝ տվեցին մի ուրիշի: Աղջիկը, գնալով ամուսնու տուն, պատմում է նրան, թե «Նախապես ինձ խոստացել էին տալ այսինչ մարդուն, բայց ծնողներս փոշմանեցին և տվեցին քեզ»: Նորապսակ ամուսինը կնոջը արդուզարդով միջնորդների հետ ուղարկում է այդ մարդու տուն, լուր տալով. «Քանի որ նախապես քեզ էին խոստացել

կնության տալ, կինը քոնն է, թող քեզ լինի»: Իսկ սա, տեսնելով նորապսակի վեհանձնությունը, անմիջապես նվերներ տալով աղջկան, ասում է. «Քանի որ ամուսինդ այդպես արդարամիտ ու վեհանձն է, որ անտեսելով իր երջանկությունը, քեզ իմ տուն է ուղարկել, ուստի այսուհետև դու ինձ քույր եղիր, ես քեզ եղբայր: Այն սերը, որ ամուսնական սեր պիտի լիներ մեր մեջ, թող քույր ու եղբոր սեր դառնա»: Եվ նա նորահարսին ետ է դարձնում ամուսնու մոտ:

Այժմ երեք եղբայրներից հարց եմ տալիս, յուրաքանչյուրդ առանձին-առանձին ասացեք, թե այս երկու մարդկանցից ո՞րն է ավելի արդար վարվել:

— Այն մարդը, որ մի խոսքի համար կնոջը ուղարկել է մյուսի տուն,— պատասխանում է եղբայրներից մեկը:

— Այն մյուսը,— պատասխանում է երկրորդը,— որ մեծահոգություն է ցուցաբերել, նվերներ տվել աղջկան ու, իրեն քույր դարձնելով, ետ է ուղարկել ամուսնու տուն:

— Մեծ հաջողություն է,— ասում է երրորդ եղբայրը,—

որ այդպես շքեղ զարդարված նորահարսը կեսգիշերով թաղից թաղ է գնացել ու ետ եկել, բայց գիշերապահ կամ գող չի ելել դեմը: Ըստ երևույթին, քաղաքում գիշերապահ կամ գող չկա:

— Քարը դու ես վերցրել,— ասաց դատավորը վերջինիս,— տո՛ւր եղբայրներիդ և գնացեք խաղաղությամբ:

Առակս ցույց է տալիս, որ յուրաքանչյուր մարդ դատողություն է անում ըստ իր բնավորության:

ՍՈՒՏ ԵՎ ՃՇՄԱՐԻՏ ԲԱՐԵԿԱՄՈՒԹՅՈՒՆ

Եփեսոս քաղաքում բնակվող մի իմաստուն ու հարուստ ծերունի ուներ մի երիտասարդ տղա, որն ընկերանալով իր մի քանի հասակակիցների հետ, ժամանակը շարունակ խնջույքների մեջ էր անցկացնում և, հարազատ բարեկամներ համարելով, ոչինչ, չէր խնայում նրանցից: Հայրը մշտապես խրատում էր.

— Զգույշ եղի՛ր, մի՛ հավատա նրանց: Նրանք՝ բոլորը, սեղանի բարեկամներ են:

Ճշմարիտ բարեկամը նեղ օրն է երևում:
— Ներիր ինձ, հա՛յր, բայց ես հիմար չեմ, հաստատ գիտեմ, որ նրանք իմ հավատարիմ ու ճշմարիտ բարեկամներն են:
— Երջանիկ ես դու,— հեգնում էր հայրը,— որ կարճ ժամկետում կարողացել ես այդքան հավատարիմ բարեկամներ ճարել:
Մի օր հայրը պատվիրեց որդուն գնել մի մեծ ոչխար ու բերել տուն: Որդուց գաղտնի մորթել տվեց ոչխարը, մի սպիտակ սավան թաթախելով արյան մեջ: Այնուհետև խորովել տվեց ոչխարը, ամբողջովին այն ծածկեց լավաշով, վրան սեղանի հաստ սփռոց փաթաթեց, իսկ հետո՝ արյունաթաթավ սավանը ու տեղավորեց պարկի մեջ: Գիշերվա կեսին պարկը տվեց որդու շալակն ու, գնալով՝ բախեցին որդու տասներկու բարեկամներից մեկի դուռը, դուրս կանչեցին:
— Բարեկա՛մ,— ասաց շշուկով,— մոտակա գյուղից այսինչ մարդը երեկոյան հյուր եկավ մեր տան: Հարբելով, նա աղմուկ բարձրացրեց, խիստ բարկացա, խփեցի սրով սպանեցի: Խնդրում եմ քեզ, թաքցրու այստեղ նրա դիակը, որպեսզի առավոտյան մեր տունը խուզարկելիս, չգտնեն ու չդատեն մեզ:
— Անօրեն սրիկանե՜ր,— լսելով նրանց, մերժեց բարեկամը,— բավական չէ, որ սպանել եք մարդուն, ուզում եք ի՞նձ էլ մասնակից դարձնել ձեր չարագործությանը, փորձանքի մեջ գցել: Կորեք այստեղից,— ու փակեց դուռը նրանց երեսին:
Գնացին մյուս բարեկամների տները: Բոլորն էլ նույն կերպ պատասխանեցին ծերունուն ու որդուն:
— Որդյա՛կ, տեսա՞ր այժմ քո հավատարիմ բարեկամներին,— ասում է հայրը որդուն,— ե՛կ, ուրեմն, գնանք իմ միակ բարեկամի մոտ:
Հասնելով տեղ, բախեցին դուռը: Երբ տանտերը դուրս եկավ, ուզեցին ասել նույնը: Չթողնելով խոսել, տանտերը նրանց շտապ ներս տարավ, փակեց գուռը և ասաց.
— Ցածրաձայն խոսեցեք, որպեսզի մերոնցից մեկն ու մեկը չիմանա:
Հայր ու որդի պատմեցին ձախորդ դիպվածի մասին: Տանտերն իսկույն տարավ նրանց պարտեզ, անկյուններից մեկում փոս փորելով, թաքցրեց պարկը հողի մեջ ու պատվիրեց նրանց շտապ վերադառնալ իրենց տուն:
Առավոտյան վաղ որդու տասներկու բարեկամները հավաքվելով,

սկսեցին խոսել գիշերվա դեպքի մասին: Լուրն անմիջապես բերնե–բերան տարածվեց, հասավ քաղաքապետին ու դատավորին:
Քաղաքապետը, որ լավ էր ճանաչում իմաստուն ծերունուն և գիտեր, որ նա պարկեշտ ու առաքինի մարդ է, չհավատաց, բայց հետաքրքրվեց, թե ովքե՞ր են տարածել լուրը: Կծիկի ծայրը հասավ ծերունու որդու բարեկամներին: Քաղաքապետը, կանչելով նրանց, հարցաքննեց: Նրանք պատմեցին, բոլորը: Քաղաքապետը բանտարկեց նրանց, ապա կանչեց ծերունուն: Վերջինս սկզբում ուրացավ, իսկ այնուհետև խոստովանեց մեղքը:
— Ի՞նչ եք արել դիակը,— հարցրեց քաղաքապետը:
— Տարանք այսինչ բարեկամին տվինք:
Կանչեցին այդ մարդուն: Նա հրաժարվեց, ասելով, թե ինքը տեղյակ չէ: Սաստիկ տանջեցին, բայց դարձյալ հանձն չառավ: Երբ հրամայեցին կախել, ծերունին արգելեց, դիմելով քաղաքապետին.
— Տե՛ր իմ, երևում է, որ նա կամակոր մարդ է, եկեք ինձ հետ դատավորով ու վկաներով, ես ցույց կտամ ձեզ, թե մեր աչքի առջև որտեղ է թաղել նա սպանվածի դիակը:
Քաղաքապետը, դատավորն ու վկաները, որոնք ծերունու որդու ընկերներն էին, նաև ուրիշներ, գնացին նրա հետ: Տանտերը նորից չքմեղանալով, մեղադրում էր ծերունուն, թե զրպարտում է իրեն: Բայց նա առանց վարանելու ցույց տվեց տեղը: Պեղելով հողը, դուրս քաշեցին պարկը ու շտապ բացեցինք տեսան արյունաթաթավ սավանը:
— Ո՛վ եղկելի,— ասացին քաղաքապետն ու դատավորը տանտիրոջը,— ահա սպանողները խոստավանում են, սպանվածի արյունն հաստատում է այդ, իսկ դու շարունակ համառում ես, թե «Ես չեմ տեսել, ես ոչինչ չգիտեմ», սրանց փոխարեն քեզ պետք է պատժել:
Եվ այսպես սպառնալով, բաց արեցին արյունաներկ սավանը ու տեսան մի ուրիշ մաքուր ծածկոց: Եվ երբ այն էլ արձակեցին, գտան լավաշ հացը, մեջը ամբողջ ոչխարը՝ խորոված: Ներկաները զարմանքից ապշեցին:
— Ով պատվական ու իմաստուն մարդ,— դիմեց քաղաքապետը ծերունուն,— գիտենք, որ մի նպատակ կա թաքնված այս արարքիդ տակ, խնդրում ենք պատմել մեզ:

— Հարգարժան մարդիկ,— ասաց նա,— իմ այս թերամիտ որդին, այդ վկաներին համարելով հավատարիմ ընկերներ, ոչինչ չէր խնայում ու շարունակ նրանց հյուրասիրում էր խնջույքներով, հաճախ էլ օգնում էր նյութապես, որքան որ կարողանում էր: Ես միշտ խրատում էի որդուս, թե նրա ընկերները նենգ ու անհարազատ մարդիկ են, սեղանի ու իրենց օգուտի համար են բարեկամ ձևանում, չպետք է հավատալ նրանց: Բայց որդիս չէր լսում ինձ ու պնդում էր, որ նրանք հավատարիմ, ճշմարիտ բարեկամներ են: Որդուս փորձով խելքի բերելու նպատակով սարքեցի այս խաղը, որ այժմ տեսնում եք, որպեսզի զգաստացնեմ նրան, իմանա, որ դժվար բան է հավատարիմ բարեկամ գտնելը և անհնարին է բարեկամների բազմություն ունենալը, քանզի ես իմ ողջ կյանքի ընթացքում շատ փորձություններով հազիվհազ կարողացա գտնել այս միակ, հարազատ ու ճշմարիտ բարեկամիս, որ, ինչպես տեսաք, մատնեց իր անձը մահվան վտանգի ու քաջությամբ տարավ տանջանքները, բայց չդավաճանեց ինձ: Այժմ, խնդրում եմ ձեզ նստեցեք այստեղ ու ճաշակեցեք խորոված ոչխարը այն բազմազան ուտելիքների ու անուշահամ խմիչքների հետ, որ նախապես պատրաստել եմ տվել այս հաճելի տեսարանի համար:

Քաղաքապետն՝ ընդունելով հրավերը, պատվիրեց իսկույն պարգևատրել ծերունու հավատարիմ բարեկամին, որի պարտեզում պահվել էր ոչխարը, նախատինքով վռնդել տվեց որդու սուտ ընկերներին: Ներկաներն ուրախությամբ կերուխումի նստեցին, գովելով ծերունու իմաստությունն ու նրա բարեկամի հավատարմությունը: Իսկ ծերունու որդին, ընդունելով իր սխալը, այնուհետև հրաժարվեց հացկատակ ու սուտ ընկերներից: Եվ բոլորի հավանությամբ գրվեց այս պատմությունը՝ ի խրատ հետագա սերունդների:

ՊԱՏԱՆԻՆ ՈՒ ԱՆԱՐԴԱՐ ԴԱՏԱՎՈՐԸ

Մի պատանի հոր մահից հետո վատնեց նրանից մնացած ողջ ժառանգությունը, որովհետև հարբեցող էր, սիրում էր ուտել-խմել,

բայց գործ բոլորովին չէր անում: Մի օր էլ ծախսեց քսակում եղած վերջին դրամը, հարբած գնաց տուն: Հաջորդ օրն առավոտյան անկողնուց ելնել չէր կարողանում, որովհետև բերանը սաստիկ չորացել, գլուխը ցավում էր, ինչպես սովորաբար լինում է հարբեցողներին, որ խումար են ասում: Տանը մնացել էր միայն մի մոզի:
— Ի՞նչ անեմ, մայր իմ, ահա մեռնում եմ,— ասում է նա մորը:— Ուզում եմ մոզին տանել շուկա վաճառելու: Ստացածս դրամը տամ գինու, խմեմ, որ ազատվեմ թմրությունից:
Որդյակ,— պատասխանեց մայրը,— քո հոր ունեցվածքից այդ հորթն է մնացել մեր տանը, ա՞յդ էլ ես ուզում դու փուչ անել: Դու գիտես, ինչ ուզում ես, արա: Տղան հորթը տարավ շուկա:
Այդ քաղաքում մի դատավոր կար, որ տեղացի չէր: Դատավորի երկու ծառաները իրենց տիրոջ պետքերը հոգալու նպատակով շրջում էին շուկայում: Նրանք տեսան պատանուն:
— Ինչո՞ւ ես ման ածում այդ այծը,— հարցնում են նրանք:
— Վաճառում եմ,— պատասխանում է տղան: Նրանք տղային տանում են դատավորի մոտ:
— Այս պատանին այծ է վաճառում, եթե ուզում ես՝ գնիր:
— Որքա՞ն է այծիդ գինը,— գիմում է պատանուն դատավորը:
— Ով դատավոր,— ասում է տղան,— ա՞յծ է սա, թե մոզի:
— Մեզ հիմա՞ր ես կարծում, որ ցանկանում ես քո այծը վաճառել մոզու գնով,— բարկանում է դատավորը:
— Քո ասածը թող լինի, ով դատավոր,— համաձայնում է պատանին,— որքան ուզում ես, տուր:
Եվ պատանուն տալով հիսուն դրամ, նա ասում է.
— Գնա, այդ է գինը:
Մտքի մեջ ուրախանալով, որ էժան է գնել, դատավորը ծառաներին հրամայում է.
— Մորթեցե՛ք, որ ուտենք:
— Ո՛վ դատավոր,— դիմում է նրան պատանին,— խնդրում եմ քեզանից, որ թույլ տաս վերցնել պոչը:
Դատավորը կարգադրում է՝ տալ պատանուն հորթի պոչը: Վերցնելով ուզածը, տղան շտապ գնում է դարբնի մոտ, պատրաստել է տալիս երկաթե փշեր ու անցկացնում մոզու պոչին: Մի սարսափելի ու ահավոր բան՝ տեսնողների համար: Բայց մի փոքր տեղ մազերն ազատ է թողնում, որպեսզի ճանաչվի, որ մոզու պոչ է: Վերադառնալով տուն՝ մորն ասում է.

— Տո՛ւր ինձ քո բոլոր շորերը, որ պահած ունես:
— Որդյա՛կ ինչո՞ւ ես այդպես անում,— լացով բողոքում է մայրը,— քո հոր ունեցվածքը ծախեցիր կերար, այժմ սկսեցիր շորե՞րս վաճառել:
— Մի՛ վախեցիր,— հանգստացնում է նրան որդին,— ուրիշ բան եմ անելու:
Մայրը հավատաց: Վերցնելով մոր շորերը, տղան հագնում է ու գնում կանգնում դատավորի դռան առջև: Ծառաները տեսնելով նրան չեն ճանաչում:
— Ո՛վ կին,— հարցնում են նրան,— ինչո՞ւ ես այստեղ ման գալիս, ի՞նչ ես ուզում:
— Ձեր նման գեղեցիկ երիտասարդների համար եմ եկել,— կանացի քնքշություն տալով ձայնին, պատասխանում է տղան:
— Երանի քեզ, ո՛վ կին, այսօր՝ բախտդ բերեց,— ասում են ծառաները:— Այստեղ է ապրում քաղաքի դատավորը, նա կին չունի: Ե՛կ, տանենք քեզ նրա մոտ, դարձիր նրա կինը ու երջանիկ կլինես:
Տղան համաձայնում է ու նրանց հետ մտնում դատավորի մոտ:
Դատավորը շատ է ուրախանում կնոջ գալու համար, ընտիր ու համեղ կերակուրներ է պատրաստել տալիս, ուտում-խմում են: Ապա նա ծառաներին դուրս է անում տնից, որովհետև այրվում էր սիրո ցանկությունից: Երբ առանձին են մնում, դատավորն սկսում է շշուկով խոսել աղջկա հետ:
— Սա ի՞նչ է,– հարցնում է կինը դատավորին:
— Օրենսգիրք է,— պատասխանում է դատավորը,— սրանով արդար դատաստան ենք անում խեղճերի օգտին:
Այնտեղ կար նաև մի երկաթե մամլիչ, որով պատժում էին չարագործներին:
— Սա ի՞նչ է, ով դատավոր,— մատնացույց անելով մամլիչը, հարցնում է կարծեցյալ կինը:
— Դա չարագործների համար է, եթե մեկը արժանի է ծեծի ու չարչարանքների, օրենսգրքի հիման վրա տանջում ենք նրան:
— Ինչպե՞ս է լինում, բոլորովին տեսած չկամ,— հարցնում է կինը և մեկնում իր ոտքը, իբր թե ուզում է դնել մամլիչի տակ:
— Քեզ չի կարելի,— մերժում է դատավորը,— եթե տեսնել ես ուզում, ես կդնեմ իմ ոտքերը, իսկ դու նայիր՝ լավ է, թե ոչ:

Տղան ամրացնում է դատավորի ոտքերը կոճղերի մեջ ու, ձգելով շղթան, նրան ոտքերից բարձրացնում է վեր, ինչպես անում են ավազակներին: Այնուհետև գրպանից հանելով մոզու պոչը, հարցնում է դատավորին.
— Ճանաչում ես, ով դատավո՛ր: Սա մոզո՞ւ պոչ է, թե այծի:
— Մոզու պոչ է,— սարսափով ասում է դատավորը:
— Իսկ ինչո՞ւ պնդեցիր, թե այծի է: Այդպե՞ս ես դու դատաստան անում:
Ու տղան այնքան է հարվածում դատավորին, մինչև ամբողջ մարմինը կակղեցնում է: Ապա նրան թողնում է այդ վիճակում ու հեռանում:
Հաջորդ օրն առավոտյան դատավորի դուռը դեռ փակ էր: Ծառաները մտածեցին. «Այսօր լավ քնեց մեր դատավորը իր տիկնոջ հետ»: Ու չուզեցին խանգարել: Դատի համար հավաքված ամբոխն սկսեց բողոքել.
— Ո՞ւր է դատավորը, ինչո՞ւ մեզ ներս չեք թողնում:
Ծառաներն ստիպված բացեցին դուռը, մտան ներս, տեսան ոչ ոք չկա, միայն մամլիչի վրա՝ մեկը գլուխն ի վայր կախված էր: Երբ մոտեցան, տեսան, որ դատավորն էր:
— Վա՜յ մեզ, քեզ ի՞նչ է պատահել,— երկյուղած հարցրին ծառաները:
— Ո՜վ չար սաղայելներ,— նզովելով ծառաներին՝ լացակումած ասում է նա,— այդ ի՜նչ արեցիք ինձ, մոտս բերելով մոզու տիրոջը:
Ու պատմեց պատահածը:
Եվ քանի որ դատավորի շորերն ամբողջովին արյան մեջ կպել էին մարմնին, ու չէին կարողանում նրան մերկացնել, որոշեցին տանել բաղնիք:
Պատանին մի ուրիշ հնար է մտածում: Վերցնելով դեղորայքի մանր ամաններ ու սրվակներ, իբր թե բժիշկ է, գնում է բաղնիքի դուռը: Ծառաները դատավորին բաղնիք բերելիս տեսնում են հիվանդների բազմությամբ շրջապատված մի բժշկի:
— Ո՜վ բժիշկ,— գիմում են նրան,— շտապ արի բաղնիք և բուժիր դատավորին, քեզ մեծ հարստություն կտանք:
«Հարստությունը թող ձեզ մնա, ես գիտեմ անելիքս»,— մտածում է տղան և գնալով տեսնում, որ դատավորը պառկած է արնաշաղախ:
— Ուշադիր եղիր, որ մարդ ներս չմտնի,— ասում է նա բաղնիքի տիրոջը,— մինչև որ ավարտեմ բուժումը:

Մենակ մնալով դատավորի հետ, տղան գրպանից հանում է հորթի պոչը ու հարցնում.
— Ով դատավոր, ճանաչո՞ւմ ես, սա մոզո՞ւ պոչ է, թե՞ այծի:
Դատավորը հենց որ տեսնում է պոչը, սարսափահար է լինում ու սկսում գթություն աղերսել: Տղան, ուշադրություն չդարձնելով նրա աղաչանքներին, ուզածի չափ ծեծում է:
— Ո՛վ դատավոր,— ասում է նա,— իմացի՛ր, որ մահդ իմ ձեռքով է լինելու:
— Դատավորի մոտ կմտնեք երեք ժամից հետո,— ելնելով դուրս, կարգադրում է նա բաղնեպանին,— բուժիչ դեղեր եմ դրել մարմնի վրա, թողեք մի քիչ հանգիստ քնի, որ լավանա:
Տղան գնում է տուն:
Երեք ժամ հետո բաղնեպանն ու ծառաները մտնում են ներս իմանալու, թե ինչպես է դատավորը: Տեսնում են, որ բաղնիքը լցված է արյամբ, իսկ դատավորը մորթված անասունի նման ընկած է հատակին: Վերցնելով նրան, հանում են դուրս:
— Քեզ ի՞նչ պատահեց,— հարցնում են դատավորին:
— Հորթի տիրոջ պատճառով այչևս չեմ կարող մնալ այս քաղաքում,— ասում է նա ծառաներին:
Տղան, մտածելով մի ուրիշ հնար, գնում է մի ուղտապանի մոտ:
— Տո՛ւր, ինձ քո ուղտը, որպեսզի այսինչ քաղաքը գնամ,— առաջարկում է նրան:
— Որքան ուզում ես, կվճարեմ քեզ:
Առնելով ուղտը, տղան գնում է շուկա ու սպասում այնտեղ: Տեսնելով նրան, դատավորի ծառաները ասում են.
— Կգնա՞ս այսինչ քաղաքը: Մեր դատավորը հիվանդ է, պետք է նրան տանենք այնտեղ:
— Կգնա՛մ,— պատասխանում է տղան,— բայց ուղտի վարձը նախապես պիտի վճարեք:
Ծառաները վճարում են վարձը, դատավորին նստեցնում ուղտի վրա ու գնում, որպեսզի վերցնեն նաև ճանապարհի պաշար: Ծառաների հեռանալուն պես, տղան սկսում է հարվածել ուղտին: Եվ նա ճանապարհ ընկավ այնպիսի արագությամբ, որ թռչունն անգամ չէր կարող հասնել նրա ետևից: Պատանին գնում հասնում է երկու կողմերից լեռներով շրջապատված մի անտառ, իջեցնում է դատավորին ուղտի վրայից, ցույց տալիս պոչը ու հարցնում.

— Ո՛վ դատավոր, ճանաչո՞ւմ ես, սա մոզո՞ւ պոչ է, թե այծի։
— Մեղա՛, որդյա՛կ,— ասում է դատավորը,— ներիր հանցանքներս։
— Ես քեզ ուզում եմ դատաստան անել սովորեցնել,— ասում է տղան ու ծեծում ուժգին, հասցնելով մահվան դուռը։ Այնուհետև թողնում է դատավորին ընկած, գնում է ինքը մոտակա նավահանգիստ քաղաքը։ Այնտեղ ծանոթանում է մի նավապետի հետ ու, ծովայինի զգեստ, հագնելով, դառնում նավավար։
Դատավորի ծառաները, ժամադրված վայրում չգտնելով ուղտապանին ու դատավորին, ուղտի հետքերով առաջ են ընթանում ու միայն հաջորդ օրը կարողանում են գտնել դատավորին։
— Քեզ ի՞նչ պատահեց։
Իսկ դատավորը այլևս չգիտեր, թե ի՞նչ է պատահել, որովհետև սարսափելի տանջանքներից ցնորվել էր։ Միայն կարողացավ ասել.
— Աստված ձեր դատաստանն անի, որովհետև դուք դարձաք իմ մահվան պատճառը։ Է՛լ չեմ մնա այս երկրում, որ չմեռնեմ մոզու տիրոջ ձեռքով։
Ծառաները մի ուրիշ ուղտ են գտնում ու, դատավորին նստեցնելով վրան, տանում են այն մոտակա քաղաքը, ուր գնացել էր նաև տղան։ Քաղաքում դատավորին իջեցնելով մի տեղ, նրանք մեկնում են նավահանգիստ, որպեսզի նավ վարձեն ու տղայի ահից դատավորին տեղափոխեն ուրիշ երկիր։ Իսկ տղան նավահանգստում է լինում, բայց ծառաները նրան չեն ճանաչում, որովհետև, կերպարանափոխված էր։ Սակարկելով տղայի հետ, ծառաները վճարում են վարձը ու դատավորին տեղավորում նավի վրա։
Ծառաները որոշում են գիշերել ծովափին, որովհետև նավաստիները ևս քնում էին այնտեղ։ Այդպես էլ անում են։ Իսկ նավի վրա մնում են միայն դատավորն ու մոզու տերը։ Գիշերվա կեսին մի հաջողակ քամի է ելնում, տեսնելով այդ, տղան բարձրացնում է առագաստները, ու նավն սկսում է շարժվել։ Լուսաբացին նավն արդեն ծովի կենտրոնում էր։ Տղան գրպանից հանելով պոչը, դիմում է դատավորին.
— Ո՛վ դատավոր, ի՞նչ է սա, ճանաչո՞ւմ ես, մոզո՞ւ պոչ է, թե՞ այծի։

— Մեղա՛, մեղա՛, որդյա՛կ,— ասում է դատավորը,— ներիր հանցանքներս, ողջ ունեցվածքս քեզ կտամ, միայն թե մի սպանիր:
— Հիշի՛ր այն օրը, ով դատավոր,— ասում է տղան,– երբ հորս ժառանգությունից միայն մոզին էր մնացել, ու ծանր էր վիճակս չքավորության պատճառով, բայց դու ինձ հետ արդար չվարվեցիր: Դրա համար դարձա քո մահաբեր թշնամին:
Ու նորից հարվածելով դատավորին, տղան նետում է նրան ծովը:
— Այսուհետև, թե դատավոր լինես, արդար դատիր:

ԲԱՐԻՆ ՈՒ ՉԱՐԸ

Մի մարդ կար, անունը՝ Բարի, ուներ մի կացին, մի թի և մի փարչ: Եվ սրա գործն այն էր, որ ճանապարհներ էր պատրաստում, որի դիմաց հաց էին տալիս, ուտում ապրում էր: Մի ուրիշ մարդ, անունը՝ Չար, եկավ Բարու մոտ և ասաց.
— Ապրենք միասին:
— Դու գիտես, եղբա՛յր,— պատասխանեց Բարին:
Սա մի քանի օր մնաց Բարու մոտ: Մի օր Չարը գողացավ թին ու կացինը, ջրամանը կոտրեց: Երբ ծարավեցին ու գնացին ջրհորը ջուր խմելու: Չարը Բարուն նետեց ջրհորը, թողեց այնտեղ ու ինքը հեռացավ:
Եկան երկու քաջք, նստեցին հորի բերանն ու սկսեցին խոսել.
— Երեք տարի է, որ թագավորի աղջիկը դիվահար է եղել: Մի հեշտ դեղ կա, որ ոչ ոք չգիտե: Եթե մեկը երեք մազ պոկի իր գլխից և թագավորի աղջկա առջև ծխացնի, նա կլավանա:
— Յոթ կարաս ոսկի կա այսինչ տեղը պահած,— ասում է մյուսը,— մարդ որ հանի, լավ կհարստանա:
Բարին լսեց այս խոսակցությունը և մտքում պահեց: Եկան ճանապարհորդներ ու նրան հանեցին հորից:
Բարին նախ գնաց և լավացրեց թագավորի աղջկան: Թագավորը դստերը տվեց նրան կնության, և նա դարձավ թագավորի փեսա: Ապա գնաց, հանեց յոթ կարաս ոսկին: Մի օր էլ զբոսանքի ժամանակ հանդիպեց Չարին:
— Ինչպե՞ս հասար այդ հաջողությանը,— հարցրեց Չարը:

— Հորն ընկնելով,— պատասխանեց Բարին:
Եվ գնաց Չարն ընկավ ջրհորը: Կրկին եկան այն երկու քաջքերը և նստեցին հորի բերանը:
— Այն օրը, որ զրուցեցինք այստեղ, հորի մեջ մարդ է եղել, որը գնալով՝ բուժել է թագավորի աղջկան և յոթ կարաս ոսկին էլ տարել:
Եվ ջրհորը քարով լցրեցին:
Այսպիսով, Չարը չարով կորավ, իսկ Բարին բարությամբ լցվեց: Ով ուրիշին հոր փորի, ինքը կընկնի մեջը:

ԻՄԱՍՏՈՒՆԻ ԽՐԱՏԸ

— Ի՞նչ գաղտնիք կարելի է վստահել մարդուն,— հարցնում է թագավորը:
— Ոչինչ չի կարելի վստահել,— պատասխանում է իմաստասերը:
— Բացատրիր միտքդ:
— Մի ճանապարհի վրա խոր ջրհոր կար փորված: Այդ ջրհորի մեջ մի կապիկ է լինում, մի վագր և մի օձ: Հետո ջրհորն է ընկնում նաև մի մարդ, որ արհեստով ոսկերիչ էր: Եվ կենդանիները ոսկերչին չվնասեցին:
Մի օր ճանապարհով անցնում է մի բարի, առաքինի մարդ և հորի մեջ տեսնում սրանց: Մտածում է ինքն իրեն. «Բարություն անեմ, դուրս հանեմ սրանց հորից»:
Կախում է պարանը, և դուրս է գալիս կապիկը: Նորից է կախում, դուրս է գալիս օձը, հետո՝ վագրը: Եվ երբ կրկին է կախում, որպեսզի հանի ոսկերչին, կենդանիներն ասում են.
— Մի՛ հանիր դրան, որովհետև չար մարդ է, և քո բարությանը չարով կհատուցի:
Նա չլսելով գազաններին, դուրս հանեց ոսկերչին:
— Մեր բնակության վայրը այսինչ քաղաքն է,— ասացին գազանները մարդուն,— երբ գաս այդ քաղաքը քո լավության տակից դուրս կգանք:
— Ես էլ նույն քաղաքից եմ,— ասաց ոսկերիչը,— երբ գաս, քո լավությանը կփոխհատուցեմ:

Որոշ ժամանակ անց այն բարի մարդը գնաց այդ քաղաքը: Հանդիպեց նրան կապիկը և ասաց.

— Բարի եկար, ապրեցուցիչ իմ:

Եվ տարավ մարդուն իր օթևանը, հյուրասիրեց ընտիր ու համեղ մրգերով: Եկավ վագրը և տեսնելով մարդուն, ասաց նույնը: Այնուհետև գնաց, թագավորի պալատից գողացավ ոսկի ու ակնեղեն, նվիրեց մարդուն:

Սա մտածում է. «Եթե գազաններն այսքան լավություն արեցին, հապա ոսկերիչը որքա՜ն պիտի անի: Հիմա գնամ մոտը, նրան տամ ոսկին և ակնեղենը, որ իր իմացածով վաճառի»:

Գնաց ոսկերչի մոտ, ցույց տվեց նրան բոլորը: Ոսկերիչը մտածեց, «Գնամ հայտնեմ թագավորին ու պարգևի արժանանամ»: Եվ նա սեղան գցելով հյուրի առջև, ասաց.

— Դու կեր ու խմիր, ուրախացիր իմ հարկի տակ, իսկ ես գնամ քո գործը գլուխ բերելու: Ոսկերիչը գնալով թագավորի մոտ ասաց.

— Ահա գտել եմ քո ոսկին ու ակնեղենը գողացողին:

Թագավորն ուղարկեց զորականներ, որոնք մարդու ձեռք ու ոտքը կապած բերին պալատ: Եվ թագավորը հրամայեց տանջել նրան պեսպես տանջանքներով ու սպանել: Բարի մարդն իր մտքում ասաց, «Եթե լսեի ես գազաններին և չհանեի ոսկերչին հորից, այս ամբողջ չարիքը չէր գա իմ գլխին»:

Տեսավ վագրը մարդու տանջանքները և շտապ գնաց պատմեց օձին: Եկավ օձը մարդու մոտ և ասաց նրան.

— Հոգ մի արա: Առ այս տերևը քեզ մոտ: Ես կգնամ, կխայթեմ թագավորի աղջկան, իսկ դու ասա, թե կարող ես բժշկել: Եվ տար դիր տերևը վերքին ու մի կտոր էլ տուր թող ուտի: Արագ կլավանա:

Այդպես արեցին, և աղջիկը առողջացավ: Թագավորն ազատեց այն բարի մարդուն, ընծայելով նրան շատ ոսկի ու արծաթ:

Եվ նա պատմեց թագավորին ստույգ եղելությունը: Թագավորը հրամայեց չարաչար մահով սպանել ոսկերչին:

Ամեն նենգավոր մարդու վերջն այս է, քանզի ով բարուն չարով փոխհատուցի, ինքը կկործվի չարությամբ:

ԲԱՐԻ ԴԻՊՎԱԾԸ ԱՄԵՆԻՑ ԼԱՎՆ Է

Չորս մարդ ճանապարհի ընկեր դարձան ու օտարություն գնացին: Մեկը թագավորի տղա էր, մյուսը՝ վաճառական՝ իմաստուն ու խելոք, երրորդը գեղեցկատես էր, իսկ չորրորդը՝ հողագործ շինական: Նրանք բոլորի էլ վտարված էին իրենց երկրից, զուրկ ամեն ինչից ու գրեթե մերկ: Վեճ բացվեց մարդկային երջանկության ու դժբախտության մասին:

— Ժամանակն է որոշում մարդկանց գլխովն եկած փորձանքը,— ասում է թագավորի որդին:

— Իմաստությունն ու խելքը բարձր են ամեն ինչից,— ասում է վաճառականը:

— Պատկերն ու գեղեցկությունը ամեն ինչից վեր է,— ամսում է գեղեցկատեսը:

— Վաստակն ու աշխատանքը բարձր են ամեն ինչից,— ասում է հողագործը:

Եվ չորսը հասան մի քաղաք, հոգնած ու քաղցած նստեցին քաղաքի դռան առջև:

— Գնա,— դիմեցին հողագործին,— վաստակ արա և մեզ ուտելիք բեր:

Գնաց հողագործը և հարցուփորձ արեց քաղաքացիներին.

— Ի՞նչ գործ անեմ այսօր, որ ստացած վարձով կարողանամ չորս մարդու համար ուտելիք գնել:

— Գնա, անտառից փայտ բեր,— ասացին,— և ծախիր:

Գնաց շինականը, փայտ բերեց, վաճառեց մեկ դեկանով և չորս հոգու համար ուտելիք գնեց: Քաղաքի դռան վրա գրեց, «Մի օրվա աշխատանքովս չորս հոգու կերակրեցի»: Ընկերները հաջորդ օրը դիմում են գեղեցկատեսին.

— Գնա քո գեղեցկությամբ, որով պարծեցար, մեզ համար ուտեստ բեր:

Գնաց գեղեցկատեսը տարակուսած մտածելով. «Ի՞նչ անեմ, աշխատել չգիտեմ, չեմ կարող, մուրալ՝ ամաչում եմ»: Եվ սրտաբեկ նստեց մի ծառի տակ ու քնեց: Այդ կողմով անցնում էր մի գեղեցիկ ու հարուստ կին: Կինը արթնացրեց նրան, տարավ իր տունը, զվարճացան, ու տվեց նրան հինգ հարյուր դեկան: Գեղեցկատեսը ուտելիք գնեց ու տարավ ընկերներին: Քաղաքի դռան վրա գրեց.

«Մի օրում իմ գեղեցկությամբ այս քաղաքից առա հինգ հարյուր դեկան»:
Երբ լույսը բացվեց, դիմեցին վաճառականին.
— Գնա, քո խելքով ու իմաստությամբ մեզ համար այսօր ուտելիք ճարիր:
Գնաց նա և երբ մոտեցավ քաղաքին, տեսավ առևտրական նավեր, որ գալիս էին Հնդկաստանից և լի էին ամեն տեսակ ապրանքներով: Քաղաքի վաճառականները հավաքված ասում էին միմյանց.
— Այնպես անենք, որ կերպասի ու գործվածքեղենի գները իջնեն, մեզանից բացի քաղաքում ուրիշ գնող չկա, մեզ ինչ հարկավոր է՝ էժան գնենք:
Այս ամենը լսեց վաճառականը, գնաց դեպի նավերը, հայտնեց քաղաքացիների որոշումը: Եվ ինքը մի դատարկ խոսքով գնեց այն ամենը, ինչ կար նավերի մեջ:
— Եկեք ինձ հետ այսինչ քաղաքը և ձեզ ավելին կվճարեմ:— ասաց նավապետին:
— Վայ մեզ,— լսելով լուրը վշտացան քաղաքացիները,— կորանք մենք և կորցրինք մեր շահը:
Եվ եկան իմաստուն վաճառականի մոտ, աղաչանք–պաղատանքով նրան տվեցին հարյուր հազար դեկան, գնեցին ապրանքնորը: Վերցրեց վաճառականը հարյուր հազարը և բազմատեսակ ուտելիքներով գնաց ընկերների մոտ: Քաղաքի դռան վրա գրեց. «Մեկ օրվա աշխատանքով այս քաղաքից առա հարյուր հազար դեկան»: Հաջորդ օրը թագավորի որդուն ասացին.
— Գնա, մեզ համար ուտելիք բեր:
Թագավորազնը գնաց տրտում ու չգիտեր, թե ինչ է անելու: Նստեց քաղաքի դռան առջև: Այդ օրը մեռել էր քաղաքի թագավորը, որին այդ դռնով տանում էին թաղելու: Թագավորազնը չբարձրացավ նստած տեղից և պատիվ չտվեց: Դռնապանը նախատեց նրան և դուրս վտարեց, իսկ նա կրկին նստեց իր տեղը: Երբ մարդիկ վերադառնալով թագավորի թաղումից, տեսան նրան դռան առջև նստած, մտածեցին, թե լրտես է և բանտ նետեցին:
Հաջորդ օրը ամբողջ քաղաքը՝ ծերերը, երիտասարդները և զորապետները, հավաքվեցին միասին և մտածում էին թագավոր ընտրելու մասին, քանի որ իրենց թագավորը ժառանգ չուներ: Վեճ

ու անհամաձայնություններ ծագեցին նրանց մեջ, ամեն մեկն ուզում էր ինքը թագավոր դառնալ:
— Մի կռվեք,— ասաց դռնապանը,— այստեղ մի լրտես կա, որին բանտարկել եմ: Եթե նա լսի ձեր վեճը և փախչելով՝ զորք բերի մեր դեմ, ի՞նչ կլինի մեր վիճակը:
— Բե՛ր այդ մարդուն մեզ մոտ,— հրամայում են իշխանները:
— Ո՛վ ես, ի՞նչ մարդ ես,— հարցրին նրան:
— Այսինչ թագավորի որդին եմ,— պատասխանեց նա,— և փախել եմ իմ եղբայրների հալածանքից:
Շատերը ճանաչեցին նրան, հավատացին, որ ճիշտ է ասում: Եվ բոլորը միաբերան միաբանելով՝ նրան թագավոր ընտրեցին, բազմեցրին իրենց գահին ու խոնարհվեցին առջևը: Երկու օր անց, հեծավ թագավորը ձին ու զննեց քաղաքի շրջակայքը: Նայեց դռան վրայի գրերին, հրամայեց բռնել–բերել գրողներին ու մաքրել տվեց իր ընկերների գրածը: Եվ թագավորը գրեց. «Բարի դիպվածն ավելի էավ է, համբերությունը ավելի պատվաբեր, ես ասացի և կատարվեց իմ խոսքը, քան դեմքի գեղեցկությունը, քան մտքի իմաստությունը և քան երկրագործությունը: Անարգվեցի, բայց հետո մեծարվեցի»: Իմաստուն վաճառականին կարգեց պալատական իշխան, հողագործին դարձրեց իր պալատի տնտես, իսկ գեղեցկատեսին ապականության համար վտարեց քաղաքից:

ԵՐԵՔ ԽՈՐՀՈՒՐԴ

— Երբ հայրս վախճանվում էր,— ասաց թագավորն ի լուր ամենի,— ինձ երեք խրատ տվեց և ասաց. «Հիշիր խոսքս, որ լավ ապրես: Որդյա՛կ, ինչ վատ բան տեսնես, չտեսնելու տուր, ինչ քեզ չեն հարցնում, մի ասա, և լավ օրը վատով մի փոխիր»: Մի թագավորի մոտ զանձապահ էի: Մի օր թագավորը գնաց որսի, դեղթափ մատանին մոռանալով գահին դրված բարձի վրա: Եվ երբ նստեցինք ճաշելու, ուղարկեց ինձ պալատ, հրամայելով. «Գնա շտապ բեր մատանիս»:
Մտնելով պալատ, տեսա, որ թագավորի մեծ իշխաններից մեկը

շնանում էր թագուհու հետ: Ես շտապ վերցրի մատանին, նրանց չտեսնելու տվի և դուրս ելա: Իսկ թագավորը չհարցրեց ինձ, թե տանը ինչ տեսա, ես էլ չասացի:
Երբ թագավորը վերադարձավ տուն, թագուհին պատառոտեց շորերը, ճանգռոտեց դեմքը և ճչալով ասաց.
— Թագավոր, քո սիրելի երիտասարդը ուզեց բռնությամբ անպատվել ինձ:
Իսկ թագավորն ինձ շատ էր սիրում, ուստի և դժվարացավ անմիջապես սպանել: Բացի դրանից, թագավորը մի բերդ ուներ, որտեղ էլ սպանել էր տալիս մահապարտներին:
Եվ նա նամակ գրեց բերդավագին, կնքեց ու տվեց ձեռքս, թե «Տար, բերդավագին հանձնիր»: Իսկ նամակի մեջ գրել էր: «Բերդավագ, այս մարդուն, որ թուղթս քեզ է բերել, գլխատիր, գլուխը դիր մի արկղի մեջ և կնքած ետ ուղարկիր ինձ»:
Նամակն առած ճանապարհ ընկա: Ես պիտի անցնեի թագուհու հետ շնացող իշխանի գյուղով: Երբ իշխանը տեսավ ինձ, շատ վախեցավ, կարծեց, թե թագավորն իրեն է կանչում պատմելու նպատակով:
— Ո՛ւր ես գնում,— հարցրեց ինձ իշխանը:
— Նամակ եմ տանում այսինչ բերդը,— պատասխանեցի:
— Օրը ցուրտ է,— ասաց ինձ,— դու մնա իմ տանը, կեր և խմիր, ես կտանեմ թուղթը:
— Թագավորն,— ասացի,— ինձ է հրամայել, թե՝ տար: Ես վախենում եմ:
— Մի՛ մտածիր, դու կաց իմ տանը, ես կտանեմ: Դրսում խիստ ձյուն էր ու բուք: Եվ ես մտածեցի. «Սա իմ հոր խրատն է, թե լավ օրդ վատով մի փոխիր»:
Ես մնացի իշխանի տանը, իսկ նամակը տարավ նա: Երբ բերդավագը ընթերցում է նամակը, բռնությամբ կտրում է իշխանի գլուխը, դնում արկղի մեջ, կնքում ու տալիս ծառային, թե՝ տար թագավորին:
Ճանապարհին հանդիպելով ծառային, ասացի.
— Տուր ինձ, ես պիտի տանեմ:
Վերցրի արկղն ու տարա: Երբ թագավորը բացեց այն, զարմացած տեսավ, որ իր սիրելի իշխանի գլուխն էր մեջը:
Ասաց ինձ.
— Այս ի՞նչ բան է, ճիշտն ասա՛, թե չէ կսպանեմ քեզ:

Մեկ առ մեկ պատմեցի խսկությունը, ինչպես եղել էր:
Երբ լսեց թագավորը, չարաչար մահով սպանել տվեց կնոջը:

ԲԱՐԵԳՈՐԾՈՒԹՅԱՆ ՊՏՈՒՂԸ

Կար մի թագավոր, որի կյանքի օրերն ու տարիները անցել էին, բայց իրենից հետո չուներ որդի ու ժառանգ թագավորությանը: Որդի ունենալու համար շատ աղոթեց, աղքատներին ու կարիքավորներին տվեց առատ նվերներ: Աստված զթաց նրան, և վերջապես ծնվեց տղա՝ թագավորական գահի համար ժառանգ:
Մանկան ծննդյան առթիվ մեծ խրախճանքներ կազմակերպեց թագավորը, անթիվ քանակով ոչխարներ, եզներ և այլ անասուններ մորթել տվեց, կերակրեց քահանաներին ու ժողովրդին, շատ աղքատների զգեստներ նվիրեց, հորդորելով աղոթել, որպեսզի աստված կենդանություն պարգևի իր նորածին զավակին: Իր սրտին զոհացում և խնդություն տալու նպատակով, թագավորը հրավիրեց նաև իր աշխարհի բոլոր իմաստուններին ու աստղագետներին, որպեսզի նրանք գուշակեն տղայի ճակատագիրը, խելքն ու ապագան: Իմաստունները, հմուտ ու ճարտար աստղագետները, հավաքվելով քննեցին և իմացան մանկան ճակատագիրը:
— Ո՛վ թագավոր,— ասացին նրանք,— քո որդին աստծո տված է և պտուղ է ողորմության: Նա շատ խելացի է լինելու, բայց պիտի խայթվի օձից: Եթե մինչև տասնհինգ տարեկան հասակը օձը նրան չկծի, շատ կապրի և իր կյանքն ու ժամանակը կանցկացնի երկար տարիներով:
Լսելով այս, հայր թագավորը խիստ վախեցավ ու սկսեց մտածել, թե ինչ հնարքով փրկի որդուն օձից: Նա կառուցել տվեց մի բարձր ու թանկարժեք ապակեպատ աշտարակ, զրեց այնտեղ մանկանը մոր հետ և, նրանք սպասավորելու համար, շատ ծառաներ: Իսկ ծառաները, մանկան մոտ մտնելիս, մերկանում էին բոլոր հանդերձներից ու միայն հատուկ զոգնոցներով էին ծածկվում: Նրանք ելումուտ էին անում ահուդողով, զգուշությամբ, որ օձը

չթաքնվի մեկնումեկի շորերի մեջ և հանկարծակի չվնասի մանկանը:
Տղային կրծքից կտրելուց հետո՝ մայրը թողեց որդուն պալատում և, զոհանալով աստծուց, գնաց տուն իր ամուսնու մոտ, բարի լուր տալով նրան տղայի աճի ու փարթամության մասին: Որդու համար թագավորը պատրաստել տվեց ոսկեղեն քանդակներով, մարգարիտներով ու ընտիր ակնեղենով զարդարված մի աման՝ ջուր ու գինի խմելու համար, ամեն առավոտ ուղարկում էր նրան անուշահամ ուտեստներ և քառասուն հատ կարմիր ոսկեդրամ, որպեսզի նա իր ձեռքով՝ հանուն իր կյանքի ու արևշատության, բաժանի աղքատներին:
Եվ ըստ սովորության՝ ամեն օր գալիս էին աղքատները: Երբ առավոտները ելնում էր թագավորի որդին նայելու պատուհանից դուրս և տեսնում էր պատուհանի տակ հավաքված աղքատներին, առատորեն տալիս էր նրանց ողորմության տուրքը: Իսկ նրանք ուրախ սրտով վերադառնում էին իրենց տները, մաղթելով իրենց թագավորին՝ երկար կյանք, արքայորդուն՝ կենդանություն:
Երբ լրացավ տղայի տասնչորս տարին, մի օր նրա հոր մառանապետը, քաղելով այգուց մի քանի վաղահաս ու քաղցրահամ ողկույզ, դրեց կողովի մեջ, որ տանի թագավորին: Հանկարծակի ելավ իր բնից մի թունավոր օձ և մառանապետից աննկատ սողաց կողովի մեջ: Մառանապետը խաղողը տարավ ու ամանով դրեց թագավորի առջև: Իսկ նա վերցրեց ընդամենը մի ողկույզ ու հրամայեց մնացածը տանել որդուն: Երբ մառանապետը տարավ խաղողը թագավորի որդու պալատը, տղան հանգիստ քնած էր, ուստի ծառաները կողովը դրեցին մի անկյունում ու գնացին: Այդ ժամանակ ելավ օձը իր թաքստոցից և մտավ տղայի անկողնու տակ:
Եվ այնժամ մի անճար ու խեղճ աղքատ, որ կանգնել էր տղայի պատուհանի մոտ, ներքևից բարձրաձայն դիմեց թագավորի որդուն, ասելով.
— Ով բարի պատանի, հանուն քո հոր գահի և հանուն քո կյանքի, ողորմություն տուր ինձ, որովհետև դառն կարիքի մեջ եմ:
Լսելով աղքատի ձայնը, անմիջապես արթնացավ քնից բարի տղան ու քաղցրությամբ պատասխանեց նրան:
— Ով բարի աղքատ, մի քիչ համբերիր, եկ ճաշի ժամին, որ տամ խնդրածդ, որովհետև այժմ մոտս դրամ չկա:

— Բարի պատանի, դառն սովամահության մեջ եմ իմ որդիներով հանդերձ, ուստի և աղաչում եմ հենց այժմ կատարես իմ խնդիրքը: Տղան՝ շուրջն աչք ածելով, ոչինչ չգտավ, աննման հորինվածքով, ակնեղենով ու մարգարիտներով զարդարված ոսկե ամանից բաց: Այն տվեց աղքատ մարդուն, որը վերցնելով ասաց.

— Քանի որ ազատեցիր ինձ դառն աղքատությունից, դու ևս ազատվես պատուհասից: Իսկ թագավորի տղան, որ մենակ էր մնացել, մի ողկույզ խաղող վերցրեց կողովից և կամեցավ ուտել: Հանկարծ մի քանի հատիկ, պոկվելով ողկույզից, ընկան անկողնին: Տղան սկսեց բարկությամբ դանակով հարվածել հատիկներին ու անկողնին: Այդպիսով նա մահճի տակ թաքնված օձի գլուխը զամեց գետնին: Իսկ երբ ցավից զալարվելով՝ օձը հանեց իր պոչը, տղան տեսավ նրան և ուշագնաց եղավ:

Ներս մտան ծառաները, տեսան, որ տղան մեռածի պես ընկած է հատակին՝ կողքին սատկած օձը: Կարծեցին, թե օձը նրան սպանել է: Երբ ջուր ցաներին տղայի երեսին, անմիջապես ուշքը տեղն եկավ, և նա ասաց.

— Մի՛ վախեցեք, ես սպանեցի օձին:

Թագավորն ուրախանալով՝ տարավ որդուն իր պալատը: Շարունակելով լավություն անել աղքատներին, պատանին բարի համբավ ձեռք բերեց երկրում և հոր մահից հետո ժառանգեց թագն ու գահը:

ԱՐԴԱՐ ԴԱՏԱՍՏԱՆ

Կար մի թագավոր, որ ժառանգ չուներ՝ ոչ աղջիկ, ոչ տղա: Քրոջ որդի միայն ուներ և կամեցավ նրան թագաժառանգ կարգել, որովհետև շատ էր սիրում նրան: Թագավորի քեռորդին խելացի էր ու խիստ բարեպաշտ:

Մի ազդեցիկ իշխան նախանձեց նրա փառքին ու ապագային: Մտածեց չարախոսել նրան թագավորի առջև, որպեսզի ինքը դառնա ժառանգ: Մի օր նա թագավորի քեռորդուն ասում է.

— Ո՛վ պատանի, բերանիցդ հոտ է գալիս ու դու չգիտես: Եվ երբ նստում ես թագավորի մոտ, նա բարկանում է քեզ վրա:

հպարտացավ. «Ես աստծո նման եմ, որ իմ բերանից ելած խոսքը կատարվում է»: Աստված չհանդուրժեց այդ հպարտությունը: Երբ թագավորը պառկեց քնելու, աստված վրան կրակացավ ձգեց: Թագավորը զարթնեց, մերկացավ և գետին թավալվելով ասաց.
— Այրվեցի, կործանվեցի, փրկեցե՛ք ինձ:
— Վե՛ր կաց, գնանք գետի մոտ, մտիր ջուրը, գուցե մի քիչ հովանաս,— խորհուրդ տվեցին ծառաները:
Եվ վերցրին զորքը, գնացին գետափ: Թագավորը մերկացավ, մտավ ջուրը: Այնժամ մարդկանցից աննկատելի, աստծո հրամանով, երկնքից մի հրեշտակ իջավ, թագավորին ընկղմեց ջրի մեջ, իսկ ինքը թագավորի կերպարանքն առած՝ դուրս եկավ ջրից: Զորականները հագցրին նրան շորերը, կարծելով թե իրենց թագավորն է, տարան բազմեցրին գահին:
Թագավորը մեկ ժամ մնաց ջրի մեջ, հետո դուրս ելավ, տեսավ՝ ոչ զորք կար, ոչ ծառա, ոչ շոր: Իր կերպարանքը փոխվել էր այլ մարդու պատկերի, այնպես, որ իրեն չէին ճանաչի:
Նա գնաց մի իշխանի դուռը և ասաց դռնապաններին.
— Գնացեք իշխանին ասացեք՝ «Քո թագավորն եկել է դուռդ, քեզ է կանչում»:
Գնացին ասացին իշխանին.
— Մի մորից մերկ մարդ ասում է՝ «Իշխանին ասացեք դուրս գա»:
— Ներս բերեք,— ասում է իշխանը:
Գնացին ներս բերին, և իշխանն ասում է.
— Տկլոր, ի՞նչ մարդ ես:
Ասում է.
— Ես քո թագավորն եմ, դու իմ ծառան ես:
Այս ասելուն պես իշխանը բարկացավ և դուրս վտարել տվեց նրան:
— Գնա կորիր, խե՛նթ:
Հետո գնաց իր պալատի դուռը, դռնապաններին ասաց.
— Ինձ տարեք թագավորի մոտ:
Եվ նրանք տարան:
Թագավորն ասում է.
— Ի՞նչ մարդ ես, որ այդպես մերկ ու խայտառակ շրջում ես:
Ասում է.
— Ես այդ գահի տերն եմ, սրանք, որ քեզ մոտ են, իմ որդիներն են:

Այն ժամանակ որդիները ծեծելով դուրս գցեցին նրան, և նա լալով գնաց վանք, եպիսկոպոսին ասաց.

— Ես քո թագավորն եմ, քեզ այդքան իշխանություն եմ տվել, իսկ դու ինձ չես օգնում:

Եպիսկոպոսն ասում է.

— Ո՛վ անիծված խայտառակ, գնա դուրս, կորիր, որ թագավորը չիմանա քեզ սպանի:

Եվ աբեղաները ծիծաղելով դուրս տարան նրան:

Այնժամ թագավորը հասկացավ, որ իր հպարտությունն իրեն այդպիսի չարիք բերեց, դարձավ ընկավ կաթողիկոսի ոտքերը և խոստովանեց, որ իր հպարտությունն էր պատճառը և խոնարհություն որդեգրեց:

Երբ կաթողիկոսը մեղքի թողության համար աղոթեց, թագավորը վերստին նախկին կերպարանքն առավ: Եպիսկոպոսը ճանաչեց, նրա ոտքերն ընկավ, բերեց շորեր հագցրեց ու տարավ պալատ: Տեսավ, որ ուրիշ թագավոր չկար գահին, զարմանալով փառք տվեց աստծուն:

Այս է հպարտության պատուհասը և խոնարհության փառքը:

ԹԱԳԱՎՈՐԻ ՋՐՊԱՐՏԻՉ ԴՍՏԵՐ ՀԱՄՐԱՆԱԼԸ

Անաստաս կայսեր դուստրը՝ Փարազնյան, Ամոն անունով մի պատանու գեղեցկությանը սիրահարված՝ ցանկանում էր իր իղձը կատարել, իսկ նա չէր համարձակվում կայսեր ահից: Զայրացած էր Փարազնյան նրա դեմ և մի օր, երբ Ամոնը նրա սենյակի դռնով էր անցնում, աղաղակեց, ասելով.

— Օգնեցե՛ք ինձ, Ամոնն ուզում է բռնանալ ինձ վրա:

Իսկույն պաշտոնյաները հասան, բռնեցին պատանուն ու տարան կայսեր մոտ:

Կայսրը նրան հարցրեց.

— Ճի՞շտ է, որ ասում են քո մասին:

— Ո՛չ, տեր իմ,— ասաց Ամոնը:

Այն ժամանակ կայսրը կանչել տվեց Փարազնյային և ասաց.

— Ինչպե՞ս եղավ դեպքը, պատմի՛ր ինձ:
Եվ նա չպատասխանեց: Կայսրը կրկին ասաց.
— Քե՛զ, քե՛զ եմ ասում, ինչո՞ւ չես պատասխանում:
Ու նա դեռ լռում էր:
Եվ նախարարներից մեկը տեսնելով, որ ոչինչ չի խոսում, մտածեց՝ գուցե լեզուն բռնվել է: Նայեցին բերանը, իսկապես տեսան, որ նրա լեզուն չորացել է վրեժխնդրությունից ու զրպարտությունից:
Կայսրը, տեսնելով այդ՝ շատ զարմացավ և ազատեց Ամոնին: Եվ իսկույն բացվեց դստեր լեզուն: Նա խոստովանեց ճշմարտությունը և զղջալով մտավ կուսանոց և իր ամբողջ կյանքն անցկացրեց այնտեղ:

ՎԱՃԱՌԱԿԱՆԸ ԵՎ ԹԱՆԿԱԳԻՆ ԱԿԸ

Մի վաճառական ուներ մի փոքրիկ ակ, տարավ, թե ծախի թագավորին:
Թագավորը տեսավ և հարցրեց գինը:
— Իմ ակի գինն այն է,— ասաց վաճառականը,— որ կշեռքի մի կողմը իմ ակը դնեն, մյուսը ոսկի լցնեն, երբ հավասարվի, դու ակը վերցնես, ես՝ ոսկին:
Թագավորը բերեց ակը, դրեց կշեռքի մի նժարին և մյուսին ոսկին լցրեց՝ հիսունով ու հարյուրով, հազարով և հիսուն հազարով, հարյուր հազարով, և ակի թաթը տեղից չշարժվեց: Թագավորը զարմացավ, չգիտեր՝ ինչ անել:
Այդ թագավորն ուներ երեք լումայափոխ, մեկը մարդու, մեկը ձիու, մեկն ակի: Կանչել տվեց ակի լումայափոխին: Սա տեսնելով ակը, ասում է.
— Թագավոր, դրան ակն են ասում, ակն գրական լեզվով աչք է նշանակում, ես դրա գինը գիտեմ:
Լումայափոխը ելավ գնաց դուրս, վերցնելով մի ափ հող, բերեց լցրեց ոսկու կողմը: Այնժամ ակի նժարը բարձրացավ և հողը մնաց անշարժ:
Ճշմարիտ է առակս, աշխարհում ինչ ոսկի ու արծաթ կա ու

մարգարիտ կա, եթե ագահ մարդուն տան, ոչ կասի բավական է, ոչ էլ կկշտանա: Ագահությունը աղի ջրի նման է. մարդ ինչքան խմի, կծարավի, իսկ երբ մեռնի, մի ափ հողով կլցվի աչքը:

ՈՒԽՏԱԶԱՆՑ ԿԻՆԸ

Մի մեծահարուստ ազնվատոհմ մարդ արժանապատիվ ու շատ սիրելի մի կին ուներ: Մի օր, երբ խոսում էին Եվայի մասին, կինը, ինչպես կանանց սովորությունն է, պարսավում է Եվային, մեղադրում նրան, թե մի պտղի համար իր ցանկությունը կատարելով, ամբողջ մարդկությանը այսպիսի տառապանքի ու թշվառության մատնեց: Ամուսինն ասում է.

— Մի պարսավիր նրան, դու ևս այդպիսի իրադրության մեջ նույնը կանեիր: Ես կամենում եմ քեզ ավելի հեշտ պատվիրան տալ, և դու չես կարող այն պահել:

— Ո՞րն է պատվիրանն այդ,— հարցնում է կինը:

Պատասխանում է.

— Այն օրը, երբ բաղնիք գնաս, ոտաբոբիկ չմտնես այն տիղմի մեջ, որ մեր գավթի մոտ է:

Գավթի մոտ ժահահոտ ջուր կար, ուր հավաքում էին տան ամբողջ աղբը:

Մինչ կինը ծաղրում էր պատվիրանազանցությունը, ամուսինն ասում է.

— Արի ուխտ դնենք մեր միջև, եթե դու հնազանդ լինես, քեզ քառասուն լիտր արծաթ տամ, եթե ոչ դու նույնքան ինձ պարտական լինես:

Այս բանը շատ դուր եկավ կնոջը: Եվ ամուսինը կնոջից թաքուն լրտես նշանակեց տիղմի մոտ:

Զարմանալի բան. այն պատվական ու համեստ կինը այդ օրվանից այն տեղով չէր անցնում, որ չնայի տղմին, բայց ինչքան բաղնիք էր գնում, միտքը խռովում էր ու տատանվում տղմոտ տեղի պատճառով: Մի օր էլ բաղնիքից ելնելով, ասում է իր աղախնին.

— Եթե այդ տիղմը չմտնեմ, կմեռնեմ:

Եվ իսկույն բարձրացնելով շորերը, կատարեց իր ցանկությունը: Անմիջապես լուրը հասավ ամուսնուն: Եվ նա, ուրախացած, տեսնելով նրան՝ ասում է.

— Ինչպե՞ս է, տիկին, այսօր լավ լողացա՞ր:

— Շատ լավ,— պատասխանում է կինը:

Ապա ամուսինն ասում է.

— Իսկ մեկնումեկը մտե՞լ է տղմուտ ջրի մեջ:

Այս խոսքի վրա կինը ամոթահար լռեց, տեսնելով, որ իր հանցանքը հայտնի է դարձել: Այնժամ ամուսինն ասում է կնոջը.

— Ո՞ւր է քո անսխալական միտքը, քո հնազանդությունը, որ դու պարծենում էիր: Եվայի հետ համեմատած քո խնդիրն ավելի դյուրին էր, բայց չկարողացար դիմանալ: Դե տուր պարտքդ:

Եվ քանի որ կինը փող չուներ, ամուսինը նրանից առավ բոլոր մեծագին զարդերը և բաժանեց ուրիշների, որպեսզի կինը որոշ ժամանակ ինքն իրեն տանջի:

ՍԱՏԱՆԱՆ ԵՎ ԻՐ ՅՈԹ ԴՈՒՍՏՐԵՐԸ

Մի օր սատանան մտածեց ամուսնանալ և ծնել յոթ աղջիկ, նրանց ուրիշների հետ ամուսնացնելու և փեսաներին իր տունը, այսինքն՝ դժոխք, տանելու:

Ամուսնացավ և կին առավ մեկին, որ կոչվում էր Անիրավություն, որից ծնվեցին յոթ աղջիկներ՝ նրա փափագի համաձայն: Առաջինին անվանեց Հպարտություն և ամուսնացրեց ոստիկանների հետ, երկրորդին կոչեց Ագահություն և հարսնացրեց մեծամեծներին, երրորդին հորջորջեց Խաբեություն և կնության տվեց գռեհիկներին, չորրորդին անվանակոչեց Նախանձ և տվեց արվեստագետներին, հինգերորդի անունը դրեց Կեղծավորություն և պսակեց կրոնավորների հետ, վեցերորդին Սնափառություն կոչեց և հանձնեց կանանց, յոթերորդին, որի անունը Ողջախոհություն կնքեց, չկամեցավ հարսնացնել ո՛չ մեկին, թողեց նրան շրջելու անհայրենիք, իբրև անբարոյական, որպեսզի յուրաքանչյուրը նրանով զմայլվի:

ԽՈՀԵՄ ԿԻՆԸ

Երկու վաճառական ընկեր կային, շրջում էին միասին օտար երկրներում և առևտուր անում: Մեկը անհաշիվ հարստության տեր էր, մյուսը՝ չափավոր: Մեծատունը շատ գեղեցիկ կին ուներ, ինչպես կերևա իմ հետագա խոսքից էլ:
Այդ գեղեցիկ կնոջ ամուսինը մահացավ և երկրորդ վաճառականը, որ մեծատան ընկերն էր, սիրեց ընկերոջ կնոջը՝ գեղեցկության, խոհեմության ու հարստության համար: Եվ ցանկանում էր նրան կնության առնել, բայց անհարմար էր զգում ասել:
Իսկ համեստ կինը, որ իմաստուն էր, գլխի ընկավ և ասում է նրան.
— Պարոն Սիմեոն,— այսպես էր նրա անունը,— տեսնում եմ՝ միտքդ շփոթված է: Ինձ ասա քո մտքինը, ես կթեթևացնեմ հոգսդ:
Իսկ նա առաջ վախեցավ, հետո խոստովանեց.
— Տիկին, ուզում եմ քեզ լծակից լինել, հետևել քո կամքին ու իմաստությանը:
Կինն ասում է.
— Եթե անես՝ ինչ որ պատվիրեմ, կկատարեմ քո կամքը:
Նա պատասխանում է.
— Ամեն ինչ, որ հրամայես, անհապաղ կկատարեմ:
Կինն ասում է.
— Գնա քո խանութը և ոչինչ չուտես, մինչև քեզ կանչեմ: Աստված վկա, ես էլ ոչինչ չեմ ուտի մինչև քո գալը:
Սիմեոնը երդումով խոստացավ կատարել կարծում էր նույն օրն է կանչելու իրեն: Անցավ մի օր, երկու օր, երեք, և կինը չէր կանչում: Իսկ նա համբերում էր երդման և սիրո պատճառով:
Չորրորդ օրը, երբ սովից վհատ ու նվաղած էր, տիկինը կանչեց Սիմեոնին, որ ոտքով գնալ չէր կարող, այլ նստեցրին ձիու վրա ու տարան:
Տիկինը խորտիկներով լի սեղան էր բացել և անկողին էր պատրաստել նրա գալուց առաջ: Երբ Սիմեոնը տուն մտավ, տիկինը մեկուսի ծածուկ ասում է նրան.
— Արի և տես, պատրաստել եմ սեղան և անկողին:
Այդ տեսնելով Սիմեոնը շատ ուրախացավ:
Իմաստուն կինը ասում է նրան.

— Այս սեղանը, այս էլ մահիճը՝ քո կամքի համաձայն: Ո՞րն ես նախընտրում:
Սիմեոնն ասում է.
— Խնդրում եմ քեզ, կերակուր տուր ինձ, որովհետև ուժասպառ եմ լինում. սաստիկ սովածությունից և ուժասպառությունից չեմ հիշում, թե ինչ է կինը:
Այնժամ կինն ասում է.
— Մինչ սովեցիր, կերակուրն ավելի ախորժեցիր, քան իմ և բոլոր կանանց սերը: Այսուհետև, երբ այդպիսի մտքերը քեզ նեղեն, այդ դեղն օգտագործիր և կազատվես բոլոր ախտավոր խորհուրդներից: Եվ հավատա, որ իմ ամուսնու մահից հետո ոչ քեզ, ոչ այլ մարդու չեմ ցանկանա:

ՀԱՎԱՏԱՐԻՄ ԿԻՆԸ ԵՎ ՉԱՐ ՊԱՌԱՎԸ

Մի պառավ տեսավ տխրադեմ մի երիտասարդի, որ նստել էր ծառի տակ, դրամով լի քսակը ձեռքին: Հարցրեց նրան, թե ինչ է պատահել:
Պատասխանեց.
— Ես սատանան եմ և մեծ ցանկություն ունեմ այսինչ մարդու և նրա կնոջ մեջ խռովություն գցելու, բայց չունեմ ճարտար լեզու, դրա համար չեմ կատարում ցանկությունս: Քանի որ դու ճարտարախոս ես, այս դրամը քեզ եմ տալիս, որ անես: Պառավը գնաց կնոջ մոտ և ասաց.
— Ամուսինդ, օրենքներին հակառակ քեզ դավաճանեց: Կտեսնես, մի աղջիկ կգա ամուսնուդ մոտ, որ հանդերձանք տանի անպատշաճ գործերի համար:
Հետո գնաց ամուսնու մոտ, ասաց.
— Քո կինը մի քահանայի հետ ծանոթություն ունի:
Երբ իրար հետ խոսում էին, ես այան մոտ աղոթք էի անում և լսեցի, որ վաղը միասին են լինելու:
Տես չար պառավի որոգայթը: Այն, որ սատանան իր գտած չարիքները երկար ժամանակ իրագործել չկարողացավ, սա կարճ

ժամանակում կատարեց: Այնուհետև պառավը աղջկան ուղարկեց, վերցնելու հանդերձանքը, որ ինքը գնել էր, երբ այս բանն ասում էր այն մարդուն: Կինը երբ տեսավ, կարծում էր չար մտքով է եկել աղջիկը:
Երբ իրիկնացավ՝ խեղճ մարդու ախորժակը փակված էր. մտածում էր քահանայի մասին: Դրանից հետո, պառավի խորհրդով, քահանան և կինը խոսեցին իրար հետ: Ամուսինը տեսավ ու վատ կարծիք կազմեց կնոջ մասին: Հետո պառավը խրատ տվեց կնոջը, որ ամուսնու մորուքի մազերը կտրի և տա իրեն՝ դեղ պատրաստելու, որով ամուսինը բոլոր կանանց կատի:
Գնալով ամուսնու մոտ, պառավն ասում է.
— Քո կինը քահանային խոստացել է քեզ այս գիշեր սպանել, զգուշացիր:
Ամուսինը լուրջ դեմքով տուն է գնում, հաց ուտում և սուտ քուն մտնում:
Երբ կինն ածելիով ցանկանում էր մորուքից մի քիչ մազ կտրել, ամուսինը բռնեց ձեռքը և աղաղակեց.
— Ճրագ բերեք:
Բարեկամները հավաքվեցին, մեծ աղմուկ ու իրարանցում եղավ: Այդ տեսնելով, սատանան պառավին ասում է.
— Երեսուն տարի աշխատում էի այս խռովությունն առաջացնել, չէր հաջողվում: Իսկ դու երեք օրում կատարեցիր, քանզի ունես ազնիվ դժոխային լեզու և արժանի ես դժոխքին ավելի, քան ես: Ու նրան վերցրեց տարավ իր հետ:

ՄԱՃԿԱԼՆ ՈՒ ՕՁԸ

Գնում էր մաճկալը վար անելու և տեսավ ճանապարհին մի սառած օձ: Վերցրեց, գցեց ծոցը, ասելով.
— Երբ տաքանա, ազատ կարձակեմ և լավություն արած կլինեմ:
Երբ տաքացավ, օձը փաթաթվեց մաճկալի մեջքին ու ասաց.
— Խայթելու եմ քեզ, որ մեռնես:
— Ինչ եմ արել քեզ,— հարցրեց մարդը:

— Լավությանը լավություն չկա,— պատասխանեց օձը:
— Անաստված բան մի արա,— հորդորեց մաճկալը,— մեկ անգամ արեցիր այդ Աղամին և արժանացար աստծո անեծքին: Այլևս մի՛ անիր, իսկ եթե անելու ես, երկու վկայի հարցնենք, հետո ինչ ուզես՝ արա:
— Բեր վկա:
— Ա՛յ եզ,— դիմում է մարդը եզանը,— այս քանի տարի է դու իմ տանն ես, միասին աղ ու հաց ենք կերել, մեզ դատաստան արա:
— Թե լավությանը լավություն լիներ,— ասում է եզը,— լավ եզանը դանակի չէին տա: Այս քանի տարի է, որ վարում եմ և վաստակում, բայց երբ այլևս չկարողանամ, պիտի մորթես և միսս ուտես: Խայթի՛ր, օձ:
— Մ՛ի վկա էլ է հարկավոր,— ասում է մաճկալը: Հանդիպում են մի աղվեսի:
— Արա մեզ դատաստան, և քեզ մի տիկ պանիր կտամ,— գաղտնաբար ասում է մաճկալն աղվեսին:
— Եթե ուզում եք, որ դատաստան անեմ, թող օձը դուրս գա ծոցիցդ: Հավասար կանգնեցեք, որպեսզի արդար դատեմ:
Եվ երբ օձն ելավ մարդու ծոցից, աղվեսն ասաց հողագործին.
— Խփի՛ր ձեռքիդ մահակով և սպանիր օձին:
Հողագործը խփեց և սպանեց օձին: Ապա աղվեսը դիմեց նրան.
— Գնա, բեր պանիրը, որովհետև ազատեցի քեզ:
Գնաց մարդը և փոխանակ պանրի, երկու շուն բերեց, որոնք հարձակվեցին աղվեսի վրա և բզկտեցին նրան:
Փրկվելով, հեռու է փախչում աղվեսն ու զղջալով ասում է.
— Դու՝ ո՛վ և դատավորն՝ ո՛վ, ախր գիտեիր, որ լավությանը լավություն չկա:

ԵՐԿՈՒ ԱՐԴԱՐ ՄԱՐԴԻԿ

Ղալաթաչում ապրող մի մարդ աղքատացավ: Նա մի արտ ուներ, որը վաճառեց ոմն հարստի: Սա եզներով արտը վարելիս գտավ երեք կարաս ոսկի: Մարդ ուղարկեց արտի տիրոջ մոտ, ասելով.

— Եկ ինձ մոտ, քո արտի մեջ գտել եմ երեք կարաս ոսկի: Վերցրու, որովհետև քոնն է:
— Արտը քեզ եմ վաճառել, գինն առել եմ,— պատասխանում է արտատերը,— գտածդ էլ քոնն է:
— Ես արտն եմ գնել երեսուն դահեկանով,— ասում է արտը գնողը,— և ոչ թե՝ ոսկին, ե՛կ քո ոսկուն տեր կանգնիր:
Եվ այսպես վիճում էին ու կռվում իրար հետ բարության կռվով: Դիմեցին թագավորին:
Թագավորը, պատրիարքն ու քաղաքի իշխանները հավաքվեցին մի տեղ, ասելով.
— Տեսնենք, ինչ ճշմարիտ վճիռ պիտի հանենք այս արդարների վերաբերյալ:
Եվ պատրիարքը հրամայեց.
— Տվեք մեկ կարաս ոսկին արքունիքին, մյուսը՝ եկեղեցուն:
Իսկ երրորդ կարասի ոսկին բաժանեցին երկուսին: Արտ գնողի դստերն ամուսնացրին արտատիրոջ որդու հետ և հաշտեցրին նրանց:
Արտ գնողը ցորեն ցանեց իր արտում և երբ եկավ հնձելու ժամանակը, ցորենն ափի մեջ ճզմելիս տեսնում է, որ մարգարիտ են կտրել հատիկները: Լցրեց իր ափը մարգարտով, հիացավ, փառք տվեց աստծուն և գնալով պատմեց թագավորին: Եկան, քաղեցին մի փունջ, տարան Կոստանդնուպոլիս, հիշատակի համար դրեցին թագավորի ապարանքում:
Անցան շատ տարիներ, վախճանվեց թագավորը, հետո որդին թագավորեց և գնաց մի օր պալատում շրջելու: Երբ տեսավ, որ մի փունջ ցորեն կա պահած, զարմացավ. «Հայրս կարծել է, թե թանկություն պիտի լինի, որ սերմը գանձարանում է պահել»:
Հետո ձեռքն առավ ցորենը և փշրեց: Երբ տեսավ, որ մարգարիտ է թափվում, հիացավ, զարմացավ, փառք տվեց աստծուն և հրամայեց.
— Հայտնեցեք երկրով մեկ, գուցե գտնվի տեղյակ մեկը, որ պատմի մեզ:
Եվ գտան մի ալևոր ծերունու, որ գալով պատմեց այս բոլորը մեկ առ մեկ:

ԱՂՋԿԱ ԵՎ ՄԱՆԿԱՆ ՊԱՏՄՈՒԹՅՈՒՆԸ

Մի քաղաքում կար դիրքի ու հարստության տեր մի մարդ, որ ուներ բազում գանձեր, ոսկի, մարգարիտ, թանկագին ակեր: Այն քաղաքում չկար նրանից հարուստ մեկը: Նա ծերացել էր ու զավակ չուներ և զավակի համար ամեն օր աղաչում էր աստծուն, որ տվեց նրան որդի աննման ու գեղեցիկ: Երբ մեծացավ տղան, հայրը նրան ուսման տվեց: Սա սովորեց ամեն տեսակ իմաստասիրական բաներ և անհաղթ բանավիճող էր, բայց հետո զեխանալով սպառեց ծնողնիրի գանձերը և սնանկացրեց:

Որդին ասաց հորն ու մորը.

— Ուզո՞ւմ եք հեռանալ այս երկրից, գնալ օտար աշխարհ, ուր մեզ չեն ճանաչի. այնտեղ ամոթը թողած կմուրանք և կապրենք. ո՛չ մենք կտրտմենք, ոչ չարկամը կուրախանա:

— Դու գիտես, որդյակ,— ասացին ծնողները:

Հորն ու մորը վերցրեց պատանին, գնաց Հռոմ քաղաքը, որտեղ կար իմաստուն ու բարի մի թագավոր: Այն օրը թագավորը որսի էր ելել: Երբ որսից վերադարձավ, պատանին մտավ նրա մոտ, ծունկի եկավ ու մնաց: Թագավորն սկսեց խոսել նրա հետ և ասաց.

— Ի՞նչ ես խնդրում, որ քեզ տամ:

Մանուկն ասաց.

— Թագավորն ապրած կենա, ես երկու ծառա ունեմ՝ այր և կին, ցանկանում եմ վաճառել, խնդրում եմ նրանց գնես: Թագավորը համաձայնեց:

Գնաց տղան հոր և մոր մոտ, ասաց.

— Ինչպես ինձ հարմար է, այնպես եմ անում. դուք առանձին կապրեք, ես առանձին:

— Դու գիտես, որդյակ,— ասացին ծնողները:

Մանուկն ասաց.

— Ուզում եմ ձեզ վաճառել այս թագավորին, որ ձեզ համար բարի լինի, ինձ նույնպես, բայց կաշխատեմ շուտով ձեզ ազատել: Այժմ ի՞նչ եք հրամայում:

— Դու գիտես, որդյակ,— ասացին նրանք:

Մանուկն առավ հորն ու մորը, գնաց թագավորի մոտ.

Թագավորը հարցրեց, թե քանիսով է վաճառում:

Մանուկն ասաց.

— Այս կին ծառայիս դիմաց ինձ տուր մի լավ ձի, զեն ու զարդ:
Տղամարդու դիմաց տուր պատվական հանդերձ և զգեստ:
Թագավորը հրամայեց, և տվեցին նրա խնդրածը ամբողջապես, և մի սուր՝ ոսկե գոտիով: Ապա ասաց թագավորը.
— Ուրի՞շ ինչ կուզեիր խնդրել ինձնից, խնդրիր, և կտամ:
Տղան պատասխանեց.
— Ինձ տուր նաև հարյուր ֆլորին ճանապարհի ծախս: Այդ էլ տվեցին թագավորի հրամանով:
Թագավորը դարձյալ հարցրեց.
— Ուրիշ ի՞նչ ես ուզում:
— Թույլ տուր ինձ, որ խոսեմ քո ծառաների հետ, որ գնեցիր ինձնից, և նրանց օրհնությունն ստանամ:
Այնժամ թագավորը գլխի ընկավ, որ այն ծառաները նրա ծնողներն էին, հրաման տվեց մանկանը, և նա գնաց ընկավ ծնողների ոտքերը ու ասաց.
— Անհոգ եղեք, ձեզ շուտով կազատեմ:
Եվ ծնողներն օրհնեցին իրենց զավակին:
Տղան լալով բաժանվեց ծնողներից: Եվ երեք օր, երեք գիշեր գնաց, հասավ մի դաշտ: Ճանապարհին հանդիպեց մի լավ տղայի, բարևեցին միմյանց ու դարձան ճանապարհի ընկեր: Երբ ընկերացան, մյուս պատանին իմացավ, որ մանուկը վաճառել էր հորն ու մորը, ասաց.
— Գիտցիր, եղբայր, որ իմ թագավորը ինձ շատ է սիրում, որի համար հրովարտակը տվել է ինձ, որ տանեմ կղզիների թագավորին ու նրանից մեծամեծ պարգևներ ստանամ: Հիմա տեսնում եմ, որ դու խոհեմ տղա ես, ավելի լավ ձիավոր, քան ես: Վերցրու թուղթը, դու տար այն թագավորին, որ քեզ շատ բարիքներ պարգևի: Եվ ինչի որ աստված արժանի է արել՝ քեզ լինի: Իսկ ես այնտեղ կսպասեմ, մինչև վերադառնաս:
Մանուկն առավ թուղթը, դրեց կաշվեհյուս քսակի մեջ ու գնաց: Հանկարծ հիշեց ծնողներին ու լաց եղավ, և շատ հառաչելուց հետո քնեց ձիու վրա: Ձին շեղվելով կորցրեց ճանապարհը: Երբ արթնացավ, ծարավ էին ինքն էլ, ձին էլ, իսկ ջուր չկար: Մոլոր շրջում էին: Գտնվեց մի հնօրյա ջրհոր, ու ծարավից տղան ուզում էր մեջն ընկնել: Հետո հանեց սեկահյուս քսակը, որի մեջ թուղթն էր, պարանով կապեց ու դրանով ջուր հանեց, խմեց ու խմեցրեց ձիուն, հետո սկսեց կարդալ այն նամակը, որ գրված էր այսպես.

«Այսինչ կղզիների թագավորին ողջույն սիրո.
Գիտեցիր, եղբայր, որ այս նամակաբերը անհավատ մարդ է ու նենգավոր: Այստեղ դա մեծ դիրք ուներ և սպառում էր բոլոր գանձերը: Մերժեցավ իմ դստերը և վնաս պատճառեց նրան, և ես կամեցա նրան կործանել, ուղարկեցի քեզ, որ ոչ ոք այստեղ չիմանա մեր խայտառակությունը: Դրա համար ուղարկեցի քեզ, կորցրու սրան ի սեր մեր եղբայրության»:
Երբ մանուկն այս իմացավ, պատռեց թուղթը, օրհնեց իր ծնողներին, որ իրեն ուսում են տվել, և իր գիտությամբ ազատվեց մահից, և աղաչեց աստծուն՝ իրեն ճանապարհ ցույց տալ, որովհետև մոլոր շրջում էր ցերեկ ու գիշեր, փնտրում էր այն քաղաքը, ուր գնալու էր: Աստված ցույց տվեց ճանապարհը, և նա մտավ այն քաղաքը:
Քաղաքի թագավորը մեծ էր, քաղաքը՝ բարեկի: Մանուկն իջևանեց մի պառավի տանը: Փոքր–ինչ հանգստանալուց հետո պառավից հետաքրքրվեց թագավորի ու քաղաքի որպիսության մասին: Պառավն ասաց, որ թագավորը մի դուստր ունի՝ խիստ աննման և գեղեցիկ, իմաստուն, որ նրա նմանը չկա, բայց մանկությունից մինչև այսօր սպանել է տվել ինսունինը թագավորազնի:
Մանուկը հարցրեց, թե ինչի համար է սպանել տալի:
— Որդյակ,— ասաց պառավը,— այդ աղջիկն ասում է՝ ով ինձ հաղթեց իմաստությամբ, ինձ ամուսին կդարձնեմ, իսկ եթե ես հաղթեմ նրան, սպանել կտամ: Եվ հաղթում է թագավորների որդիներին ու գլխատում: Նրանց գլուխներն էլ իր աշտարակի վրա ցցել է տալիս: Իսկ դա ամբողջ քաղաքից երևում է: Նա ունի ոսկե աթոռ՝ ակնեղենով ու մարգարտով զարդարած, այնտեղ նստում և նայում է մարդկանց: Իրեն ոչ ոք չի կարող տեսնել: Մի ծեր թարգման ունի. նա է խոսում իր մոտ գնացող մարդկանց հետ:
Մանուկն այս լսելով պառավից, ամբողջ գիշերը չքնեց, երբ լուսացավ, գնաց բաղնիք. հագավ իր ոսկեկար հանդերձը, օծվեց անուշահոտ մշկով ու բուրկենով, գնաց թագավորի դստեր պալատը, իրավունք խնդրեց ներս մտնելու: Մարդիկ, որ դռանն էին, խորհուրդ տվեցին զգուշանալ:
Եվ երբ մանուկը ներս մտավ, բարևեց աղջկան: Սա հրամայեց սպասավորներին, ոսկեղեն աթոռ դրեցին, որի վրա նստեց մանուկը: Աղջիկը հասկացավ, որ պատանին իր հարցմունքին պատասխանելու է եկել: Ուստի աղջիկն իմաց տվեց իր հորն ու

մորը և քաղաքի իմաստուններին ու իշխաններին, որոնք եկան հավաքվեցին այնտեղ: Եվ աղջիկն ասաց ծեր թարգմանին.
— Ասա այդ մանկանը՝ կկամենա ըմպել մահու բաժակ այն գավաթից, որից խմել եմ տվել իր նմաններին:
Եվ մանուկը թարգմանին ասաց.
— Օրհնյալ լինի տիրոջ կամքը, տերն ինչպես կամենում է, այնպես է անում:
Այնժամ աղջիկն ասաց հոր և մոր, քաղաքի իմաստունների ու իշխանների ներկայությամբ.
— Եթե այս պատանին պատասխան տա իմ հարցումին, ինձ կնության կառնի, իսկ եթե ոչ սպանել կտամ նրան, դրա համար բոլորդ վկա եղեք խոսքերիս: Պատանին ևս համաձայնեց աղջկա առաջարկությանը:

ՀԱՐՑՄՈՒՆՔ Ա

Աղջիկն ասում է.
— Ո՞վ է քո հայրը:
Մանուկը պատասխանում է.
— Հողմը և հուրը:
Աղջիկը հարցնում է.
— Ո՞վ է քո մայրը:
Մանուկն ասում է.
— Հողը և ջուրը:
Աղջիկը.
— Ո՞ր կենդանակերպի տակ ես ծնվել:
Մանուկը.
— Խոյի:
Աղջիկը.
— Ո՞վ է դայակդ:
Մանուկը.
— Նա, որ տեսնում է ինձ, իսկ ես նրան՝ ոչ: Նա լսում է իմ ձայնը, ես նրանը՝ ո՛չ:
Եվ աղջիկն ասաց.

— Այս հարց–պատասխանիքը մանկական զբաղմունք են, թողնենք դրանք և սկսենք նորից:
Աղջիկն ասում է.
— Ո՞ւմ արյունն է այն, որ անմեղ սպանությամբ թափվեց երկրի վրա:
Մանուկն ասում է.
— Աբելի արյունն էր, որին իր եղբայր Կայենը սպանեց:
— Ովքե՞ր էին, որ չծնվեցին մորից, բայց ապրեցին երկրի վրա, և հետո մեռան:
Մանուկը.
— Ադամն ու Եվան էին և այն խոյը, որ կախեց Սաբեկը ծառից և որը վերցնելով Աբրահամն իր որդի Իսահակի փոխարեն ողջակիզեց:
Աղջիկը.
— Ովքե՞ր էին, որ ծնվեցին հորից ու մորից և չմեռան:
Մանուկը.
— Ենովքն ու Եղիան, որ մարմնով վերացան երկինք:
Աղջիկը.
— Այն ի՞նչ ծառ էր, որ ուներ ճյուղ և տերև, հետո միս ու արյուն դարձավ:
Մանուկը.
— Դա Մովսես մարգարեի գավազանն էր՝ ուներ ճյուղ ու տերև, իսկ երբ օձ դարձավ, միս ու արյան վերածվեց:
Աղջիկը.
— Ո՞վ էր այն, որին աստված դեսպան ուղարկեց Ադամի մոտ, որ ոչ հրեշտակ էր, ոչ մարդ:
Մանուկը.
— Երբ Կայենն սպանեց իր եղբայր Աբելին, նրա հայր Ադամը չգիտեր, թե ինչ անի մահացածի մարմինը: Դրա համար աստված իբրև դեսպան երկու ագռավ ուղարկեց: Գալով Ադամի մոտ մեկը մյուսին սպանեց և հողում թաղեց: Ադամը, սովորելով նրանից, փորեց գետինը և թաղեց իր որդի Աբելի մարմինը:
Աղջիկը.
— Ո՞վ էր, որ մեռավ և իր մարմինը չթաղվեց հողում: հոգին չգնաց աստծո մոտ:
Մանուկը.

— Դա Ղովտի կինն էր, որ սոդոմացվոց երկրից ելնելիս հակառակվեց աստծո հրամանին և ետ նայեց ու աղե արձան դարձավ:
Աղջիկը.
— Ո՞վ էր, որ երբ տարան գազաններին կերակուր դարձնելու, գազանները նրան թողին, տանողին կերան:
Մանուկը.
— Դանիել մարգարեն էր, որին տարան առյուծներին կերակուր դարձնելու, գազանները տանողին կերան:
Աղջիկը.
— Ո՞վ էր, որ գերեզմանում թաղվեց, բայց ողջ մնաց:
Մանուկը.
—Այդ Հովնան մարգարեն էր, որին ձուկը կուլ տվեց, և ինքը ձկան փորում ողջ մնաց:
Աղջիկը.
— Ո՞վ էր, որ երբ կենդանի էր՝ հարդ և գարի էր ուտում, ջուր խմում, երբ մահացավ, մարդու միս ու արյուն կերավ և ըմպեց:
Մանուկը.
— Դա այն ավանակի ծնոտն էր, որը մանուկ Սամսոնն առավ ձեռքը և նրանով հազար մարդ սպանեց:
Աղջիկը.
— Ո՞ւմ մարմինն էր, որ հողը դրին, հողն ասաց՝ ես կույս եմ:
Մանուկը.
— Աբելի մարմինն էր, որ հողը մտնելու սկիզբը դրեց:
Աղջիկը.
— Ո՞վ է, որ ոչ հրեշտակ է, ոչ մարդ և ոչ կենդանի, բայց տասնհինգ տարի թագավորում է և տասնվեցերորդ տարում հիվանդանում, երեսուներորդին մահանում ու վերստին կենդանանում:
Մանուկը.
— Լուսինն է, որ ամսի տասնհինգերորդ օրը լրումն առնում, տասնվեցերորդից սկսում է սակավ առ սակավ նվազել մինչև քսանիններորդ օրը, և երեսուն օրը լրանալիս՝ նրա պայծառ լույսը չի երևում առաջվան նման, կարծես մեռնում է, ապա վերստին սկսում կենդանանալ:
Աղջիկը.
— Այն ի՞նչ ծառ է, որ տասներկու ճյուղ ունի, դրանցից յուրաքանչյուրը՝ երեսուն տերև, իսկ պտուղը սև ու սպիտակ է.

Մանուկը.
— Այդ ծառը տարին է ցույց տալիս, տասներկու ճյուղերը տարվա ամիսներն են, իսկ սև ու սպիտակ պտուղը գիշերն ու ցերեկը:
Աղջիկը.
— Ի՞նչ երկու բան են միմյանց հակառակ և իրար ետևից են գնում, չեն կարող մեկը մյուսին բռնել:
Մանուկը.
— Ցերեկն ու գիշերը, որ միշտ ներհակ են միմյանց. մեկը մյուսին վտարում է իրենից՝ կա՛մ արևի ծագմամբ լուսավորելով ամբողջ տիեզերքի ոլորտները, կամ խավարով պատելով երկրի երեսը:
Աղջիկը.
— Ի՞նչ թռչուն է, որ ուտում է բույսերը՝ ցորենի հարդը, գարին սպառում:
Մանուկը.
— Մորեխն է այդ, որ փոքրիկ թևավոր կենդանի է, թռչում, ոստոստում է, ուտելով ծակում է բույսերը, թռչելով ծածկում երկնի դեմքը բազում մղոններով:
Աղջիկը, տեսնելով մանկան համարձակությունը, որ աներկյուղ տալիս է իր հարցերի պատասխանները, ասաց նրան.
— Գնա այստեղից, պատանի, որովհետև թեպետ այսօր իմ ձեռքից ազատվեցիր, վաղը տեսնենք, թե ինչպես կարող ես ազատվել:
Եվ մանուկը պատասխանեց նրան.
— Նույն աստվածը, որ ինձ այսօր փրկեց քո ձեռքից, կարող է վաղը ևս փրկել: Այս ասելով ուրախադեմ գնաց իր իջևանը՝ պառավի մոտ, էր լալիս ու կոծում էր, մտածելով, թե մանուկը մեռել է: Երբ նրան ողջ տեսավ, ուրախացավ և ասաց.
— Բարի երկար, որդյակդ այսօր նոր ծնվեցիր քո մորից:
Եվ բոլորը, որ տեսան մանկանը ողջ՝ խիստ զարմացան, որովհետև մինչ այդ ոչ ոք չէր ազատվել արքայադստեր ձեռքից:
Առավոտյան տղան գնաց արքայադստեր պալատը, բարևեց, և նա հրամայեց սպասավորներին, բերին նույն ոսկեղեն աթոռը, տղան նստեց:
Եվ աղջիկն ասաց.
— Բարով եկար, պատանի: Այսօր էլ կարո՞ղ ես պատասխան տալ իմ հարցերին:
Եվ նա ասաց.
— Մեծ է աստծո զորությունն ու կարողությունը, որովհետև ինչ որ

մարդու համար անհնարին է, հնարավոր է նրա համար: Ուստի, արքայադուստր, հարցրու՝ ինչ կամենաս:

ՀԱՐՑՄՈՒՆՔ Բ

Աղջիկն ասաց.

— Ո՞վ էր այն էգը, որ ծնվեց որձից:

Մանուկը պատասխանեց.

— Եվան էր, որ աստծո հրամանով ծնվեց Ադամի կողից:

Աղջիկը.

— Ո՞վ էր, որ մարդ սպանեց, իր հոգին արքայություն գնաց, մեռնողինը դժոխք:

Մանուկը.

— Ղամեքը, որ սպանեց Կայենին. իր հոգին արքայություն գնաց, Կայենինը՝ դժոխք, որովհետև սա անմեղ տեղը սպանել էր իր եղբայր Աբելին:

Աղջիկը.

— Ո՞վ էր, որին գցեցին փոսը՝ գազաններին կերակուր դառնալու, իսկ դրանք չկերան:

Մանուկը.

— Հովսեփ Գեղեցիկը, որին եղբայրները տարան գցեցին հորը, որ կերակուր լինի գազաններին, բայց գազանները չկերան նրան, և նա ողջ մնաց:

Աղջիկը.

— Ո՞վ էր, որ հոր մերկությունը հայտնեց իր եղբայրներին և հետո հորից անեծք ստացավ:

Մանուկը.

— Այդ Քամն էր, որ տեսավ իր հայր Նոյին գինուց հարբած՝ մերկ ննջելիս տանը և չծածկեց մերկությունը, այլ հայտնեց իր եղբայրներին: Դրա համար նա իր հորից անեծք ստացավ, իսկ եղբայրները՝ օրհնություն, որովհետև նրանք իրենց երեսները շրջելով, ծածկեցին իրենց հոր մերկությունը:

Աղջիկը.

— Ո՞վ էր այն մանուկը, որին իր մայրը դնելով տապանակի մեջ, գետը գցեց, և նա ողջ մնաց:
Մանուկը.
— Մովսես մարգարեն էր, որին չորս տարեկան ժամանակ մայրը փարավոնի ահից դրեց արկղի մեջ, կպրաձյութով ծեփեց, նետեց գետը: Փարավոնի դուստրը տեսնելով հանեց գետից, բացեց տապանակը և նրա միջից հանեց մանկանը:
Աղջիկը.
— Ո՞վ էր փոքր մարմնով, մանուկ հասակով, և իրենից մեծ ու զորեղ մեկին մի քարով սպանեց:
Մանուկը.
— Դավիթ մարգարեն, փոքր էր իր եղբայրներից, ընդդիմացավ զորավոր ու հսկա Գողիաթին և մի պարսաքարով խփեց նրա ճակատին, վրա հասնելով խլեց նրա սուսերը և կտրեց գլուխը:
Աղջիկը.
— Այն ի՞նչ ցածր տեղ է, որ աշխարհի ստեղծումից ի վեր արևի լույս չի տեսել:
Մանուկը.
— Դա ծովի հատակն է:
Աղջիկը.
— Այն ի՞նչն է. Օրորվելով գնում–գալիս,
Իր հետ պարան է քարշ տալիս,
Բազմում բարձի վրա բեհեզ,
Որս է անում բազեի պես:
Մանուկը.
— Կատուն:
Աղջիկը.
— Ի՞նչ երկու բան են, որ քանի ապրեն՝ այնքան մեծանում են, այնպես, որ չի լինի նրանցից մեծ:
Մանուկը.
— Մեկը ձուկն է, մյուսը՝ օձը: Ձուկը որքան սնվում է ջրում, այնքան մեծանում է, և չի լինի ավելը մեծ, քան նա: Օձը նույնպես՝ քանի սկսում է սողալ երկրի վրա, այնքան շատ աճում է և մեծանում, ու չի լինի ավելի մեծը՝ քան նա:
Աղջիկը.
— Այն ի՞նչ երկու սիրելի են, որ ատում են միմյանց:
Մանուկը.

— Հոգին ու մարմինն են մարդու, մինչ միավորյալ են իրար հետ, սիրում են միմյանց, բայց երբ բաժանվում են. ատում են իրար:
Աղջիկը.
— Ի՞նչ երկու բան կա, որ երբեմն մարդուն աղքատացնում են ու վերստին դարձնում հարուստ ու փարթամ:
Մանուկը.
— Մետաքսի որդը և մարդու խելքը: Որդը երբեմն քիչ մետաքս է տալիս, և տերն աղքատ է լինում, երբեմն էլ առատ է տալիս ավելի, քան ակնկալում էին, և հարստացնում է: Նույնպես և մարդու խելքը. երբեմն առևտրի մեջ սխալվելով բազում վնաս է բերում, սնանկացնում մարդուն կամ հակառակը՝ հարուստ ու փարթամ է դարձնում:
Աղջիկը.
— Այն ի՞նչ տուն է, որի մեջը լի է ոսկով, ու նրա դուռը, շրջապատված է արծաթով, բայց երբ իր որմի մի կողմը արատավորվում ու քանդվում է, չեն կարող շինել, թեկուզ ամբողջ աշխարհի ճարտարներն ի մի հավաքվեն:
Մանուկը.
— Դա ձուն է, որի մեջ դեղնուցը նման է ոսկու և նրա կեղևը նման է արծաթի: Երբ այն կոտրվի, մարդկանցից ոչ ոք չի կարող շինել:
Աղջիկը տեսնելով մանկան համարձակ և աներկյուղ պատասխանները, ասաց նրան.
— Վեր կաց. գնա այստեղից, պատանի: Թեպետ այսօր ազատվեցիր իմ ձեռքից, բայց վաղը քեզ ըմպել կտամ մահու բաժակը, ինչպես տվեցի քո նախորդներին:
Այսպիսով ուզում էր վախեցնել նրան:
Եվ պատանին առաջվա նման ասաց և այնտեղից ծիծաղելով գնաց իր տեղը:
Առավոտյան, երբ արևը երկրի վրա փռեց իր լույսը, մանուկը գնաց արքայադստեր պալատը, բարևեց նրան ու ասաց.
— Գիշերս բարով լուսացավ քեզ վրա:
Աղջիկը հրամայեց, և դրին ոսկեղեն աթոռը: Մանուկը նստեց: *Աղջիկն ասաց.*
— Ափսոսում ու ցավում եմ քո գեղեցիկ մանկության համար, որովհետև եթե այսօր չկարողանաս պատասխանել հարցերիս, իսկույն պարանոցիդ սուր շարժել կտամ: Եվ տղան ավելի համարձակ ու աներկյուղ ասաց.
— Հրամայիր, արքայադուստր, ինչ ուզում ես հարցրու:

ՀԱՐՑՄՈՒՆՔ Գ

Աղջիկն ասաց.
— Ովքե՞ր էին, որ անվնաս անցան ծովի միջով, որպես ցամաքով, իսկ նրանցից հետո եկողներն ընկղմվեցին ծովի խորքը, ու սրանցից ոչ մեկը ողջ չմնաց.
Մանուկը պատասխանեց,
— Իսրայելացիք էին, որոնց իր հետ առած Մովսես մարգարեն ձգեց իր գավազանը Կարմիր ծովի վրա, և ջուրը կիսվեց, ցամաք գոյացավ: Նրանցից հետո եգիպտացիք մտան, սրանց ծածկեց ծովի Հուրը, և բոլորը կապարի նման ընկղմվեցին խոր ջրի մեջ:
Աղջիկը.
— Ովքե՞ր էին, որ գցվեցին թեժ կրակի մեջ, և հուրը նրանց չմերձեցավ, ու կենդանի մնացին:
Մանուկը.
— Երեք մանկունքը՝ Սեդրակը, Միսակը և Աբեդնագովը, որ չերկրպագեցին ոսկու պատկերին, որի համար Նաբուգոդոնոսորը կապվեց նրանց ձեռքերն ու ոտքերը և գցեց բորբոք հնոցի մեջ, որտեղ նրանք օրհնում ու փառաբանում էին աստծուն, որը փրկեց նրանց այն հնոցից:
Աղջիկը.
— Ո՞ւմ էր, որ աստված սատանայի միջոցով փորձեց խիստ, և նա համբերությամբ դիմանում էր անըմբռնելի արկածներին սատանայի և երբեք չմեղանչեց աստծու կամքի դեմ
Մանուկը.
— Հոբ երանելին էր, որի մոտ աստծու թույլտվությամբ եկավ սատանան և քանիցս փորձեց պես-պես մահաբեր վնասներով, զրկեց նրան ինչքից ու ստացվածքից, որդիներից ու դուստրերից և մերկ ու կողոպտված, չարաչար վերքերով նստեցրեց քաղաքից դուրս, աղբանոցում, և չկարողացավ ստիպել մեղանչելու աստծու օրենքների դեմ: Որովհետև երանելին ասում էր. «Այն ամենը, որ ունեի՝ տերն է տվել ինձ և այժմ էլ վերցնում է. թող օրհնյալ լինի տիրոջ կամքը»:
– Ո՞վ էր, որ ոչ հրեշտակ էր, ոչ մարդ և խրատ տվեց մարդուն:
Մանուկը.
— Բաղաամի էշն էր դա: Երբ Բաղաամը գնում էր անիծելու

Իսրայելին, աստծու հրեշտակին տեսավ ավանակը և հակառակվեց Բաղաամին: Իսկ նա իր գավազանով խփեց ավանակին, որ սկսեց խրատել և ասել Բաղաամին. «Ե՛տ դարձիր, մի գնա անիծելու Իսրայելին»:
Աղջիկը.
— Ովքե՞ր էին, որ ոչ հրեշտակ էին, ոչ մարդ, մարդու նման ուղարկվեցին աշխարհից ավետյաց լուր բերելու:
Մանուկը.
— Ագռավն ու աղավնին, որոնց Նոյը իր տապանից արձակեց, տեսնելու՝ ջրհեղեղի ջուրը չի՞ իջել, բայց աղավնի՛ն միայն ձիթենու շյուղ բերանում բռնած դարձավ Նոյի մոտ, ավետիս տալով, թե նվազել է ջուրը երկրի երեսից:
Աղջիկը.
— Ո՞վ էր, որ մեծ էր և անդրանիկ, մի ոսպապուրով իր անդրանկությունը վաճառեց կրտսեր եղբորը:
Մանուկը.
— Դա Իսահակի որդի Եսավն էր, որ դաշտից սոված եկավ, ասաց Հակոբին՝ կրտսեր եղբորը, որ թան էր եփել, «Տուր ուտեմ դրանից»: Եվ նա պատասխանեց. «Եթե քո անդրանկությունն ինձ չվաճառես, չես կարող ուտել»: Եվ Եսավը չհամբերելով, վաճառեց մի ոսպապուրով իր անդրանկությունը Հակոբ եղբորը:
Աղջիկը.
— Ովքե՞ր էին՝ երբ մտան Եգիպտոս յոթանասունհինգ հոգի էին, երբ այնտեղից գնացին՝ վեց հարյուր հազար դարձան:
Մանուկը.
— Հակոբ նահապետը և նրա բոլոր որդիներն ու դուստրերը՝ իրենց ընտանիքներով, երբ քանանացոց երկրից ելան գնացին Եգիպտոս, յոթանասունհինգ հոգի էին, երբ այնտեղից մեկնեցին Սոկքովթ անապատ, եղան վեց հարյուր հազար այր:
Աղջիկը.
— Անբույսը դրին անծնի վրա և անդադարի երդիքով անցկացրին:
Մանուկը.
— Անբույսը աղն է, անծինը՝ ջորին, անդադարը ջուրը, երդիքը՝ կամուրջը: Որովհետև երբ աղը բառնում են ջորիի վրա, եթե ճանապարհին գետ կա, ջորին անցկացնում են կամրջով:
Աղջիկը.
— Ի՞նչ երեք բան են, որոնցից մեկը խուփ չունի, երկրորդը՝ սյուն, երրորդը կաթ:

Մանուկը.
— Սրանք են այդ երեքը, առաջինը ծովն է, որ իր վրա կափարիչ չունի, այսինքն՝ ծածկոց, երկրորդը երկինքն է, որ առանց սյան մնում է, երրորդը հավն է, որ կաթ չունի: Բայց սրանց հետ մի բան ևս կա՝ մարդու բուռը, ուր ամենևին մազ չի բուսնում:
Աղջիկը մանկան այս պատասխաններից վախեցավ և ասաց նրան:
— Դու մեկն ավելի ասացիր: Ես երեք բան եմ հարցրել, այսօր ևս ազատվեցիր իմ ձեռքից, բայց վաղը մահապատիժ կտամ քեզ, ինչպես տվեցի ընկերներիդ:
Մանուկն ասաց.
— Ես միայն երկնի ու երկրի արարչին եմ ապավինել և ոչ թե հուսացել մարդու:. Ինչպես տերը կամենում է, թող այնպես էլ անի:
Այս ասելով ելավ այնտեղից և ուրախ գնաց իր իջևանը:
Առավոտյան մանուկն եկավ արքայադստեր պալատը, բարևեց, և նա հրամայեց դնել ոսկեղեն աթոռը: Մանուկը նստեց և ասաց աղջկան.
— Հրամանքդ, արքայադուստր, էլ ինչ ես ուզում հարցնել:
Եվ նա պատասխանեց.
— Ո՛վ պատանի, այժմ հարցման հերթը քոնն է, հարցու ինչ կամենաս, և ես քեզ կպատասխանեմ:
Մանուկը հարցրեց.
— Ո՞վ էր, որ հարուստ էր, աղքատացավ և իր հորն իբրև զգեստ հագավ, հեծավ մորն իբրև ձիու և գնաց գտնելու իր կորցրած ինչքն ու ապրանքը: Մահը վրա հասավ, և նա մահն էլ բարձեց ձիու վրա, նրանով ջուր առավ, ձիուն էլ խմեցրեց, բայց ինքը և ձին՝ երկուսն էլ, ողջ մնացին:
Աղջիկը չկարողացավ պատասխանել պատանու այս հարցումին, ասաց,
— Այսօր գնա, վաղը կպատասխանեմ, որովհետև այդ հարցը դժվարին է:
Մանուկը դուրս ելավ, գնաց այնտեղից իր օթևանը:
Ապա աղջիկն ասաց իր ծեր թարգմանին.
— Առ՝ երկու կամ երեք հոգի հավատարիմ ծառաներիցս և գնա շուկա, գնիր սպիտակ հաց, մի գեր սագ և մի քանի պարարտ հավ: Սագը բրնձով ու շաքարով լցրու, հավերը խորովիր: Առ երկու մաքուր աման և լցնել տուր նրանց մեջ քաղցր անապակ գինի: Սա ծածուկ պատրաստիր:

Թարգմանը կատարեց թագավորի աղջկա հրամանը:
Եվ երբ բոլորը խոր քուն էին մտել, աղջիկը հագավ իր պատվական ոսկեկար հանդերձը, օծվեց մշկով, բուրկենով ու վարդերով: Իր հետ առավ երկու գեղեցիկ աղջիկ, կարգադրեց ծառաներին բառնալ ինչ որ հրամայված էր նրանց, եկան մանկան իջևանը և բախեցին դուռը:
Մանուկն ասաց.
— Ո՞վ եք, որ բախում եք դուռը:
Նրանք պատասխանեցին.
— Մենք աղջիկներ ենք՝ թագավորի պալատից, և ինչպես լուսինը արեգակի սիրո տերն է, նույնպես մենք քո սիրո: Դրա համար կամենում ենք քեզ տեսնել:
Մանուկն ասաց.
— Հեռացեք:
Իսկ նրանք աղաչանքով պնդացրին իրենց երեսները, ասացին, որ չեն գնա, մինչև չտեսնեն նրա երեսը: Եվ մանուկը չկարողացավ համբերել նրանց ողորմագին աղերսանքներին, թույլ տվեց ներս մտնելու:
Այնժամ աղջիկը հանեց գլխից վարշամակները, բացեց իր երեսը, որ տեսնելով՝ մանուկը սիրահարվեց:
Աղջիկը նստեց ու նստեցրեց իր հետ մանկանը և ասաց.
— Կերակուր ունե՞ս և գինի, բեր ուտենք, խմենք և ուրախանանք:
— Աստված գիտե, որ այս ժամին պատրաստի չունեմ, որովհետև չգիտեի, որ կգաք:
Աղջիկն ասաց իր ծառաներին.
— Բերեք ինչ որ դուք ունեք:
Սրանք բերին, ինչ որ առել էին իրենց հետ: Սեղան պատրաստեցին: Երկուսով նստեցին ու սկսեցին ուտել ու ըմպել, ուրախանալ: Բայց աղջիկը տղային ավելի շատ խմեցրեց անապակ գինին և նրա հետ քաղցրումեղցր զրուցում էր, բորբոքելով ցանկության հուրը, մինչև որ չկարողանալով այլևս համբերել, ասաց. «Հրամայիր, որ ննջենք միասին»:
Այնժամ աղջիկն ասաց.
— Թե ինձ սիրում ես, պատմիր ինձ այն բանը, որ երեկ ասացիր արքայադսաերը:
Եվ նա պատասխանեց.

— Այժմ անկարող եմ բացատրել քեզ այդ բանը, մանավանդ վախենում էլ եմ, որովհետև եթե ասեմ, կսպանեն ինձ, դրա փոխարեն ուրիշ բաներ հարցրու պատասխանեմ:
Աղջիկն աստծով երդվեց, թե մինչև չլսի այդ բանը, չի կատարի նրա կամքը, և սկսեց հոգու հետ խաղալ: Պատանին առավել ևս սիրավառվեց և գինուց հարբած՝ պարտվեց, սկսեց ասել իր հարցումի պատասխանը և ապա ասաց. արի քնենք:
Աղջիկը հանեց չարեշապիկը, որ դրեց բարձի տակ, սկսեց խաղալ նրա հետ: Մանուկը սիրուց ու գինուց թմրած, քնեց: Եվ աղջիկը ծիծաղելով սահեց անկողնուց, վերցնելով իր ծառաներին, ուրախ վերադարձավ պալատ: Բայց սաստիկ ուրախությունից այնտեղ մոռացավ չարեշապիկը: Որովհետև մտքում ասում էր. «Ես հաղթեցի նրան՝ իրենից սովորելով այս բանը, և նա ոչինչ չկարողացավ ինձ. անել, որի համար առավոտյան նրան սպանել կտամ»:
Երբ մանուկը քնից ուշքի գալով ու սթափվելով գինուց, զարթնեց, իմացավ, որ այն աղջիկը թագավորի դուստրն էր, որ հնարքով եկել էր իր մոտ: Առավոտյան գնաց արքայադստեր մոտ, բարևեց ու նստեց այն աթոռին:
Աղջիկը կանչեց հորն ու մորը, քաղաքի իմաստուններին ու իշխաններին, որոնք միաբան եկան հավաքվեցին:
Մանուկը ոտքի ելնելով խոնարհվեց թագավորի առջև ու դարձյալ նստեց իր աթոռին:
Եվ աղջիկը սկսեց հերթով պատասխանել մանկան երեկվա հարցումին, քանի որ խաբեությամբ սովորել էր նրանից այն գիշեր:
Եվ բոլորը, որ լսեցին, զարմացան աղջկա գիտության վրա, որովհետև այն հարցը շատ դժվարին էր:
Այնժամ մանուկն ասաց թագավորին.
— Ո՛վ տիեզերակալ արքա, քո դուստրը երեք օր ինձ հարցեր էր տալիս, որ ես պատասխանում էի: Այժմ ես հարցնեմ նրան մի բան ևս, եթե գիտենա՝ նա է ինձ հաղթել, թե ոչ, ես՝ նրան:
Թագավորն ասաց.
— Այդ խոսքիդ բոլորս վկա ենք, որ այլևս զրույցը չերկարի երկուսիդ միջև:
Մանուկն ասում է աղջկան.
— Ի՞նչ թռչուն էր այն, որ ուներ իր հետ այլ տեսակ թռչուններ, և իր փետուրը գեղեցիկ էր ոսկու նման: Եվ ես բռնեցի նրան, մորթեցի և

փետուրը պահեցի ինձ մոտ, և մինչև նրա միսը խորոված դրեցի իմ առջև ուտելու, նա հանկարծակի թռավ ու փախավ ինձնից: Եթե չեք հավատում խոսքիս, այն փետուրը կբերեմ բոլորիդ առաջ, որ տեսնեք:

Երբ աղջիկը լսեց այս խոսքերը, շատ վախեցավ, կարծեց թե բոլորի առաջ հայտնելու է իր գնալը նրա մոտ այն գիշեր: Ուստի շտապելով ասաց նրան.

— Դա չափազանց դժվար հարց է, չեմ կարող պատասխանել: Այժմ ինձ հաղթեցիր դու. խնդրիր ինչ կամենաս:

Մանուկն ասաց.

— Քեզնից բացի, բան չեմ խնդրում քեզանից:

Այնժամ բոլորը վկայեցին ու հավանություն տվին մանկան խնդրանքին և պսակեցին նրանց, և յոթ օր հարսանիք արին:

Թագավորը իր գանձերի, ունեցվածքի ու թագավորության կեսը տվեց նրանց:

Ապա մանուկը բազում գանձերով մարդիկ ուղարկեց այն թագավորի մոտ, որին վաճառել էր իր հորն ու մորը: Նրանք գնացին ու բերին նրա ծնողներին իր մոտ: Իրար տեսնելով ուրախացան: Իսկ հյուրընկալ պառավին իր հետ տարավ պալատ, նշանակեց նաժիշտների ավագ:

Թագավորը նրան կարգեց տեր և իշխան իր բոլոր գանձերի ու քաղաքների, որ իր մահից հետո իշխե նրանց վրա և նստի իր փոխարեն թագավորական աթոռին:

ՄԽԻԹԱՐ ԳՈՇ
XII-XIII

ԱՌՅՈՒԾԸ ԵՎ ԿԵՆԴԱՆԻՆԵՐԸ

Առյուծը, կոտրելով ոտքը, տրտնջում էր բոլոր կենդանիների վրա.

— Իմ հպատակներն եք, քանի որ կենդանիների իշխանն եմ ես, բայց ինչո՞ւ այժմ ընծա չեք բերում, որ առողջանամ:

Պատասխանում են.

— Դու երբեք չպաշտպանեցիր մեզ ոչ արջից, ոչ գայլից և ոչ էլ ուրիշ գազանից:

Նույնիսկ դու ինքդ մեզ չխնայեցիր: Մենք աստծուն պիտի ընծա մատուցենք, որ այդպիսի չարիքի մեջ ես ընկել:

Առակիս միտքը հայտնի է. աշխարհիկ և եկեղեցական չար առաջնորդները՝ տանջելով հպատակներին, չեն պահպանում նրանց ուրիշների վտանգից:

ԱՌՅՈՒԾԸ, ԱՐՋԸ ԵՎ ԳԱՅԼԸ

Առյուծը, արջը և գայլը ընկերանալով, ասում են.

— Ինչո՞ւ լինենք հումակեր, բռնենք մի մարդ, որ իրենց սովորության համաձայն որսից մեզ համար կերակուր պատրաստի:

Եվ բռնելով մեկին, դարձրին իրենց խոհարար:

Մարդը սրտնեղելով, մտածեց ազատվելու մասին: Ճեղքելով մի մեծ փայտ, յուրաքանչյուր կողմում դրեց սեպեր, և առյուծին ու մյուսներին ասաց.

— Օգնեցեք ինձ կիսելու փայտը, դրեք ձեր ձեռքերը ճեղքի մեջ և ձգեցեք:

Եվ երբ դրեցին, դուրս քաշեց սեպերը, ու գազանները մնացին բռնված: Ապա վերցնելով կացինը, սկսեց ջարդել նրանց, ասելով.

— Սկսենք առյուծից:

ՉՂՋԻԿՆԵՐԸ

Չղջիկները լույսին նայել չեն կարող, մտնում են քարերի ճեղքը և կամ պատերի խորշերը, և, որովհետև զարշահոտ են ու վատատես, ցերեկը գունդ ու կծիկ են լինում և գիշերը հարձակվում:

Այդպես են բանսարկուներն ու ավազակները, որոնք արդարության լույսից փախչելով՝ սիրում են խավարը:

ԻՄԱՍՏՈՒՆՆ ՈՒ ԾԱՌԵՐԸ

Իմաստուններից մեկը հարցում արավ ծառերին և ասաց.

- Ի՞նչն է պատճառը, որ դուք ինչքան բարձրանում եք, այնքան էլ խորը արմատներ եք զցում:

Եվ ծառերը այսպես պատասխանեցին.

- Ինքդ իմաստուն լինելով, ինչպե՞ս է որ չգիտես, որ մենք չենք կարող այսքան ճյուղեր կրելով մեզ վրա, դիմանալ հողմերի բռնությանը, եթե խորը արմատներ չզցենք: Տեսնում ես մեր եղբայր հաճարի և փիճի ծառերը, որոնք թեպետ և բազմաճյուղ չեն, բայց դարձյալ քամիներին ընդդիմադրել չեն կարող, որովհետև խորը արմատներ չունեն:

ԲԱՄԲԱԿԵՆԻՆ ԵՎ ՍՈՍԻՆ

Սոսու մերձակայքում երկրագործները ոռոգում էին բամբակի արտերը և պատվիրում միմյանց զգուշանալ, որ չտրորեն բամբակի ծառերը: Լսելով, որ բամբակենուն ծառ կոչեցին, սոսին բարկացավ ու ասաց.

— Ինչպե՞ս է դա ինձ հավասար ծառ կոչվում, քանզի ես այսքան հաստ ու բարձր եմ, մեծ էլ տեղ եմ զբաղում:

Եվ բամբակենին լսելի կերպով, առանց երկմտելու պատասխան տվեց, ասելով.

— Բարձր ես ու հաստ, բայց օգտակար չես: Ո՛չ շինվածքի, ո՛չ պտղաբերության և ո՛չ էլ վառելու համար ես գովելի: Թանձր ստվեր ունենալով, ավելի բամբասանքի ես արժանանում, քան գովեստի: Իսկ ես, թեպետ նվաստ ու տկար, բայց օգտակար եմ ոչ միայն հարուստների, այլև աղքատների համար: Խնամելու, քաղելու, գործելու դեպքում ոչխարների բրդի, վուշի, շերամի մետաքսի նման դառնում եմ հագուստ: Խոզակաղինից բացի, դու այլ բան բոլորովին չես տալիս:

Այսպես նախատվելով բամբակենուց, սոսին լռեց:

Մնոտի և պարծենկոտ մարդկանց է լռեցնում առակս, նրանց, որ ունեն տեսք ու հասակ և ապրում են անօգուտ կյանքով, մյուսներին, որ արհամարհում են տկարներին ու հասակով կարճերին, որոնք, սակայն, շատ բաներում պիտանի են ու օգտակար:

ԳՈՄԵՇԸ՝ ԵՐԿՐԱՉԱՓ

Գոմեշը կամեցավ երկրաչափություն սովորել: Եվ ձանձրացավ դաշտերը չափելուց, գնալով ընկավ մի ճահճի մեջ: Իբրև անընդունակ նա մեղադրվեց ուսուցչից, որին ասաց.

— Մի՞թե միայն երկիր չափել է հարկավոր, կլինեմ ես ջրաչափ:

ԳՈՄԵՇՆ ՈՒ ԻՐ ԽՆԱՄՈՂԸ

Գոմեշը կամեցավ հարվածել իր խնամողին, բայց չկարողացավ, ուստի և տրտնջաց աստծու դեմ, թե.

— Իմ եղջյուրները ուղիղ չես ստեղծել, այլ կորաձև:

Եվ խնամողը պատասխանելով ասաց.

— Աստված գիտեր քո չար կամքը և դրա համար որոշեց, որ քեզ այդպիսի եղջյուրներ բուսնեն:

ԴԵՂՁԸ ԵՎ ՍԵՐԿԵՎԻԼԸ

Աոյանում մեկ անգամ դեղձը հանդիմանել սկսեց սերկևիլին, ասելով:

— Տեսքով դեղին ես ու մարդկանց համար դժվարուտելի: Իսկ ես բարետես եմ ու դյուրաճաշակ:

Եվ նա ասում է.

— Կեղծավոր ես ամեննին և մարդկանց խաբող, ճաշակելիս քաղցր ես երևում, բայց մտնելով որովայն, շատ վնասներ ես գործում: Իսկ ես դեղին եմ, քանի որ տեսակցության զնալով և հիվանդությունը վերացնելով, ցավակից եմ դառնում հիվանդներին, և ոչ թե քեզ պես մերժված եմ նրանցից:

Պարզ է միտքը առակիս, կեղծավորները միշտ ճշմարիտներին հանդիմանում են իբրև վարքով կոպիտների, և ներկայացնում իրենց քաղցրաբարո և վշտակից: Սակայն ճշմարիտ խոսքերը մարդկանց դեղ են, թեև առաջին հայացքից հակառակ են երևում և ցավակցելով նրանց՝ վերացնում են հիվանդությունները:

ԴԵՂՆՈՒԿԻ ՊԱՏԱՍԽԱՆԸ

Գնդածաղիկը, կորնգանը, խոլորձը, կապույտ առվույտը, սեզը և սրանց նմանները, ծաղրելով դեղնուկին, ասում էին.

— Ինչի՞ց է, որ մենք զվարճաղեմ ենք, իսկ նա դեղնությամբ հյուծվել է:

Լսելով, դեղնուկը պատասխանեց.

— Որովհետև անմիտ եք ու աներկյուղ: Չեք մտածում, որ մեզ համար գերանդի են սրում, իսկ ես մտատանջվելով, սարսափահար եղած դեղնում եմ:

ԹԱԳԱՎՈՐԻ ԵՐԵՔ ԵՐԱԶԸ

Մի թագավոր երազ տեսավ, որ անձրևի փոխարեն երկնքից աղվես էր տեղում: Նա հրաման արձակեց.

— Ով երազս բացատրի, հազար դահեկան կտամ նրան: Մի աղքատ մարդ լսելով, գնում ասում է.

— Եթե երեք օր ինձ ժամանակ տաս, կմեկնեմ երազդ:

Եվ նա գնալով անապատ, շրջում էր այնտեղ ու մտածում: Մի վիշապ, տեսնելով տարակուսած մարդուն, ասաց.

— Ինձ ի՞նչ կտաս, եթե թագավորի երազը հայտնեմ քեզ:

Նա պատասխանում է.

— Ինչ որ խոստացավ թագավորը, կեսը քեզ կտամ:

Ասում է.

— Գնա և հայտնի՛ր, թե ժամանակն է, այսուհետև մարդիկ նենգավոր և խաբեբա կլինեն աղվեսի նման:

Եվ մարդը գնալով, թագավորին ասաց: Բացատրությունը դուր եկավ նրան, որովհետև իսկապես մարդիկ նման էին աղվեսի: Թագավորը տվեց նրան խոստացած դահեկանները: Եվ մարդը խաբեց վիշապին ու չվերադարձավ նրա մոտ:

Ժամանակ անց, մի ուրիշ երազ տեսավ թագավորը, որ անձրևի փոխարեն երկնքից ոչխար էր տեղում: Հրամայեց կանչել այն մարդուն, որ, ինչպես առաջին անգամ, մեկնի երազը: Նա թագավորից նույն բանն է խնդրում, բայց իբրև ապերախտ ամաչում է գնալ վիշապի մատ: Եվ այնուամենայնիվ գնալով, պաղատագին ասաց.

— Մեղա՛ քեզ, հայտնիր երկրորդ երազի միտքը, և քեզ կտամ առաջին ու երկրորդ պարտքս:

Վիշապը առանց մարդու պարտազանցությունը հիշելու, ասաց.

— Գնա և հայտնի՛ր, թե ժամանակ է գալու, և եկել է արդեն, որ մարդիկ ոչխարի նման պարզամիտ պիտի լինեն:

Եվ գնալով, մարդը մեկնեց երազը: Այս մեկնությունը ևս հավանելով, թագավորը դարձյալ տվեց նրան հազար դահեկան: Վերցնելով դրամը, մարդը տարավ, հանձնեց վիշապին:

Դրանից հետո՝ թագավորը մի ուրիշ երազ ևս տեսավ, որ անձրևի փոխարեն երկնքից սուսեր էր տեղում: Հրամայեց նորից կանչել այն մարդուն, որպեսզի դա ևս մեկնի: Եվ մարդը խնդրելով նույն ժամանակը, գնում է վիշապի մոտ, որն անմիջապես, իբրև բարեկամի, մեկնում է երազը, ասելով.

— Գնա և հայտնի՛ր, թե ժամանակն է, որ մարդիկ դառնան բռնավորներ ու սուսերավորներ:

Եվ սովորելով այդ, մարդը մտածեց, «Ինչո՞ւ այժմ թողնեմ վիշապին հազար դահեկանը և կամ ինչո՞ւ մյուս հինգ հարյուրը ևս բերեմ, ավելի լավ է, խփեմ վիշապին ու սատկեցնեմ»: Եվ ջանաց խփել վիշապին, բայց այդ նրան չհաջողվեց՝ վիշապը խույս տվեց նրանից: Եվ մարդը զղջալով մտածում է. «Չարիք գործեցի, մյուս անգամ, երբ հարկ լինի, էլ ինչպե՞ս կգամ սրա մոտ»:

Տեսնելով, որ մարդը փոշմանել է, վիշապն ասաց նրան.

— Ո՛վ մարդ, դու մի տրտմիր, քանզի անձիդ թելադրանքով ոչինչ չես արել, այլ արել ես ժամանակի բերումով: Խաբելդ կեղծավորների ժամանակ եղավ, զղջալդ ու հազար դահեկան տալդ՝ միամիտների, իսկ ինձ խփելդ՝ բռնավորների ժամանակ:

ԾՈՎԻ ԳՈՐՏԵՐԸ

Ծովի գորտերը խորհուրդ անելով՝ ասացին.

— Ինչո՞ւ ենք տոզած փորերով ու դեղնած մաշկով խեղդվում ջրերում, դուրս գանք ցամաք ու ապրենք ուրիշների պես:

Ծերերից մեկն ասում է.

— Հայրս պատվեր է տվել ինձ, որ ծովի ապաստանը չթողնեմ, որովհետև բնությամբ երկչոտ ենք, գուցե դուրս գանք ու սարսափելով ետ դառնանք և ցույց տանք մեր երկչոտությունը:

Չլսեցին խորհուրդը և դուրս ելան, բայց ոտնաձայն լսելով՝ փախան ու կրկին խորասուզվեցին ծովը:

Առակիս մեջ իմաստություն կա, նախ պետք է սեփական կարողությունը ճանաչել և ապա տեղը կամ գործը փոխել:

ՆՌՆԵՆԻՆ ԵՎ ԹԶԵՆԻՆ

Նռնենին և թզենին կամեցան սիրով կապվել միմյանց հետ ու երդվեցին քաղցրությամբ, բայց նռնենու թթվության պատճառով ձանձրացավ թզենին, և նրանց դաշինքը խախտվեց.

Առակիս իմաստն այն է, որ սիրողները նախ պետք է փորձեն միմյանց բարքերը, թե բոլոր կողմերով նման են իրար, իսկ եթե ոչ՝ հեշտությամբ կխախտվի սերը:

ՈՒՂՏՆ ՈՒ ՆՐԱ ԽՆԱՄՈՂԸ

Ուղտը հարված ստացավ իր խնամողից և բարկանալով ասաց.

— Տե՛ս, երբ տրտում եմ լինում, ինձ մի խփիր, թե չէ՝ կմեռնես իմ ձեռքով:

Խնամողը հարցրեց.

— Ի՞նչ նշանով է արտահայտվում քո տրտմությունը, իմանամ, որ չխփեմ:

— Երբ տեսնես ներքին շրթունքս կախված,— ասում է ուղտը,— և քայլելուս ժամանակ չլսես ոտքերիս ձայնը, ուրեմն տրտում եմ:

— Դու միշտ այդ ես,— պատասխանեց խնամողը,— էլ ինչպե՞ս իմանամ:

Չարաբարոների մասին է առակս, որոնք միշտ բարկացած են և երբեմն պատրվակում են, թե այդպիսին են տրտմության պատճառով:

ՎԱԶԸ ԵՎ ՄՈՐԵՆԻՆ

Գարնանը, երբ վազը որթակոտոր էր եղել և արտասվում էր, եկան բոլոր տունկերը նրան մխիթարելու, նրանց հետ եկավ նաև մորենին:

— Մի լար,— ասում են,— դարձյալ զավակներ կծնես:

Եվ նա պատասխանում է.

— Կծնեմ, և դարձյալ կկոտրեն, և դա ի՞նչ մխիթարություն է: Մխիթարանքն այն է, որ իմ կենդանի մնացած որդիները պտուղ կտան և մարդկանց ուրախության պատճառ կդառնան:

Եվ սրանով էր վազը մխիթարում իրեն:

Իսկ մորենին ասում է.

— Եկա քեզ մխիթարելու, որ ինձանով սրբես աչքերդ:

— Շնորհակալ եմ այգեգործից, որ պոկում է քեզ իմ արմատից,— պատասխանում է վազը:

Առակս հայտնում է, որ պետք է միաժամանակ մխիթարվել կենդանի մնացածներով, որ մահկանացու է մարդկային ցեղը, և իսկական մխիթարությունն այն է, որ կենդանի մնացած ժառանգները լինեն տիրոջը հաճելի: Բայց անմիտների խոսքը, ինչպես մորենունը, ավելի զայրացնող է, քան՝ մխիթարություն սգավորին, որ շնորհակալ կլինի, եթե բոլորովին չտեսնի անմիտ մխիթարիչին:

ՄՈՐԵՆԻՆ ԵՎ ՎԱԶԸ

Ոխ պահելով վազի դեմ, մորենին ասաց.

— Քեզ նման կբարձրանամ և կրկնակի պտուղ կտամ և կգերազանցեմ քեզ, որովհետև ձմռանը ես անթառամ եմ լինում:

Վազը հակաճառեց նրան.

— Քո պարծանքը կատարյալ կլինի, երբ աշնանը հավաքվես հնձանում:

Իսկ աշնանը մորենին ոտնատակ եղավ:

ՓՂԻ ՈՐԴԻՆ՝ ԻՄԱՍՏԱՍԻՐՈՒԹՅԱՆ ԱՇԱԿԵՐՏ

Փիղն իր որդուն հանձնեց Պլատոնին՝ իմաստասիրություն ուսանելու: Եվ ուսուցիչը հանձնարարեց աշակերտին չոքել լսարանում, իսկ նա չկարողացավ: Պատվիրեց նաև որ գլուխը խոնարհի գետնին, այդ ևս չկարողացավ: Պլատոնը ետ վերադարձրեց նրան հորը և ասաց.

— Վայել է, որ քո որդին թագավորի պալատում լինի՝ միշտ ոտքի կանգնած, և ոչ իմ լսարանում, քանի որ ո՛չ նստել կարող է և ո՛չ գլուխ խոնարհել:

ՔԱՀԱՆԱՆ ԵՎ ԱՎԱԶԱԿԸ

Ավազակը, բռնելով մի քահանայի, ուզում էր սպանել: Քահանայի վրա հզորության ոգի իջավ, նա հաղթեց ավազակին ու սկսեց ինչպես հարկն է տանջել նրան:

Ավազակը աղաչում էր ու ասում.

— Չէ որ քահանա ես, միշտ ասում ես՝ «խաղաղություն ընդ ամենեսյան» և սրա նման այլ բաներ:

— Ո՛վ չարագործ,— պատասխանում է քահանան,— հենց խաղաղությունը անվտանգ պահելու նպատակով եմ տանջում քեզ՝ խաղաղությունը չսիրողիդ:

Առակս հայտնի է դարձնում, որ միշտ խռովասիրության պատճառով չի հարկ լինում կռվել, այլ նաև՝ խաղաղությունը անվտանգ պահելու:

ԱՆՀՆԱԶԱՆԴ ՁԻՆ

Հոխորտալով՝ ձին չուզեց հնազանդվել հեծյալին: Եվ դաշտերում՝ շրջելիս հանդիպեց առյուծի, փախչելով նրանից, հանդիպեց արջի, պրծնելով նրանից՝ գայլի ու սրանց նմանների: Եվ հնազանդվելով խոնարհաբար վերադառնում է՝ ոչ թե դարմանի համար, այլ չար մահից ազատվելու նպատակով:

ԱՆՄԻՏ ՄԱՐԴՆ ՈՒ ՀՈՒՆԱՊԻ ԾԱՌԸ

Մի անմիտ մարդ հունապի ծառը դժնիկ կարծելով հատեց արմատից: Ծառը զայրանալով ասաց.

— Ո՛վ անագորույն, ծառը պտղից պետք է ճանաչել և ոչ թե տեսքից:

Առակս վերաբերում է անմիտ դատողներին՝ թագավորներին, իշխաններին, դատավորներին և եկեղեցու առաջնորդներին, հանդիմանելով, որ անվարժ են դատում, որով և բազում վնաս են գործում, բարուն իբրև չարի խոշտանգելով:

ԱՊԱՇԽԱՐՈՂ ԳԱՅԼԸ

Գայլը ծերանալով, գնում է ոչխարի հոտի մոտ ու ասում.

— Այժմ ապաշխարող եմ և շատ եմ ձեզ վշտացրել, ուստի ուզում եմ գալ ու ձեր տան ավլողը դառնալ, որպեսզի թողության արժանանամ, պահպանեմ ձեր մանուկներին ուրիշ գայլերից:

Եվ ուրախանալով, ոչխարները շներին ասում են.

— Այլևս մի հալածեք նրան:

Գայլը մնում է այդտեղ, համբերում մինչև մեծանում են գառները, ապա սկսում է հոշոտել և ուտել նրանց: Ի վերջո, շատերը նկատելով այդ, սատկեցնում են նրան:

Առակս այսպիսի խրատ է տալիս, շուտ չհավատալ չարագործին:

ԱՐՋԸ ԵՎ ՄՐՋՅՈՒՆԸ

Արջը փորում էր մրջյունի բույնը և լեզվով հավաքում նրանց ու ուտում: Մրջյունը նրան սպանելու հնարը գտավ: Գնալով պիծակի, իշամեղվի, մժեղի, շնաճանճի, կրետի և սրանց նմանների մոտ, խնդրում է, որ իբրև ազգականներ, օգնեն իրեն: Սրանք կարեկցելով՝ հարվածում են արջի աչքերին ու ականջներին: Արջը քարին է խփում գլուխը, որը նեխվում է, և որդեր են ծնվում մեջը: Ցավի սաստկությունից արջը, բերանը բանալով՝ գոռում է: Իսկ միջատները, մտնելով փորը, ծակծկում են նրա աղիքները: Արջը նեղվելով, դիմում է հոսող ջրին և, չափից ավելի սուզվելով մեջը, խեղդվում:

Առակիս իմաստն այն է, որ հզորները տկարներին արհամարհում են և չեն վախենում նրանցից, բայց փոքրերը ուժեղանում են իմաստությամբ և հաղթում հզորներին:

ԲՈՒՆ ԵՎ ԱՐԾԻՎԸ

Բուն միջնորդ ուղարկեց արծվի մոտ և հարս խնդրեց նրա դստերը, ասելով.

— Դա ցերեկվա քաջամարտիկ ես, իսկ ես՝ գիշերվա, արժանի ենք խնամիության:

Բազում խնդրանքներից հետո արծիվը համաձայնեց տալ դստերը:

Հարսանիքն սկսեցին ցերեկով: Ոչինչ չէր կարողանում տեսնել փեսան, և հարսանքավորները ծաղրում էին նրան: Երբ գիշեր եղավ, ոչինչ չտեսավ հարսը: Ծաղրուծանակն ավելացավ: Եվ այս պատճառով՝ հարսանիքն իսկույն խափանվեց:

ԳԱՅԼԸ, ԱՅԾՅԱՄՆ ՈՒ ԱՌՅՈՒԾԸ

Գայլն սպասում էր, որ այծյամը ննջի, որպեսզի ինքը բռնի նրան: Կռահելով նրա մտադրությունը, այծյամը չքնեց շատ օրեր, բայց հոգնելով նիրհեց գայլը:

Եվ գալով առյուծը՝ սպանեց գայլին:

ԽՈՀԵՄ ՄԱՐԴԸ ԵՎ ԾԱՌԵՐԸ

Մի խոհեմ մարդ հարցրեց ծառերին.

— Ի՞նչն է պատճառը, որ ինչքան բարձրանում եք, այնքան խորն եք արմատներ զցում:

Եվ նրանք պատասխանում են.

— Խոհեմ լինելով, ինչպե՞ս չգիտես, որ մենք չենք կարող այսքան ճյուղեր կրել և ընդդիմանալ հողմերի ճնշմանը, եթե խոր և բազմաճյուղ արմատներ չունենանք: Տեսնում ես մեր եղբայր համարի և փիճի ծառերը, որ, թեև շատ ճյուղեր չունեն, չեն կարողանում դիմադրել, որովհետև չունեն նաև խոր արմատներ:

ՁԿՆԵՐԸ ԵՎ ՆՐԱՆՑ ԹԱԳԱՎՈՐԸ

Ձկները մեղադրվեցին իրենց թագավորից.

— Ինչո՞ւ եք ուտում ձեզնից մանր ձկներին: Համարձակություն ստանալով ձկները պատասխանում են.

— Որովհետև քեզնից սովորեցինք, շատերը եկան քեզ երկրպագելու, և կլանելով՝ քեզ կերակուր դարձրիր:

Ըստ այդմ իրենք ևս ավելի հանդուգն եղան:

Առակս հանդիմանում է, որ ոչ թե խոսքով, այլ գործով պետք է խրատող լինել:

ՃԱՅԸ ԵՎ ՍԱԳԸ

Ճայը գնացել սագի մոտ, աղաչում էր, ասելով.

— Լինելով սևադեմ, ես վատաբանվում եմ բոլորից, դու այդքան սպիտակ ու պայծառ ես, խնդրում եմ սովորեցնես ինձ սպիտականալ քեզ նման:

Կարեկցելով նրան, սագն ասաց.

— Ինձ նման միշտ լվացվիր ջրով:

Բայց լվացվելիս ընկնում էր ճայի սև փետուրը և դարձյալ նույն գույնով գալիս էր մեկ ուրիշը: Ու ճայը նորից աղաչեց, որ սովորեցնի: Սագն ասաց.

— Լվացվելուդ հետ մեկտեղ, պիտի սովորես իմ լեզուն, որ կարողանաս ինձ նման լինել:

Բայց ճայը հանձն չառավ մոռանալ սեփական լեզուն և մնաց նույնօրինակ սևադեմը:

ՄԱՐԴԸ ԵՎ ԳԱԼԻԱՆՈՍԸ

Մի անգամ Գալիանոսը բանախոսություն էր կարդում մարմնի առողջության մասին, ասելով.

— Եթե մարդ զգույշ լինի ուտելու և խմելու մեջ, մեր բժշկության կարիքը չի զգա:

Այս լսելով, մի մարդ ո՛չ ուտում է և ո՛չ խմում: Դրանից նա ծանր հիվանդանում է և թշնամանում Գալիանոսին: Իմանալով այդ, Գալիանոսն ասաց.

— Ո՜վ անմիտ մա՛րդ, չգիտե՞ս դու, որ մենք բնության արարիչը չենք, այլ օգնականը: Ինչո՞ւ չհասկացար խոսքիս իմաստը, որ ճիշտ վարվեիր:

Այս օրինակից սովորում ենք, որ ուշադրությամբ պետք է լսել իմաստունների ու բժիշկների խոսքը և խուսափել ծայրահեղություններից՝ և՛ առավելից, և՛ նվազից, որովհետև երկու դեպքում էլ չարիք կա:

ՄԱՐԴՆ ՈՒ ԾԱՌԵՐԸ

Մի չքավոր մարդ ձմռանը գնաց այգի՝ պտուղ քաղելու: Եվ տեսնելով, որ ծառերը փայտացած են, սկսեց թշնամանալ, տրտնջալ, հարվածել ու ասել նրանց.

— Ինչո՞ւ պտուղ չունեք, որ ուտեմ ու կշտանամ,— ու սկսեց ավելի չարանալ:

Եվ ծառերից մեկը քաղցրությամբ ու համոզող խոսքով ասաց:

— Մի՛ տրտմիր, ո՛վ մարդ, և իզուր մի՛ բամբասիր, որովհետև, սխալվում ես: Թեպետ կարիքավոր, բայց ինչո՞ւ չգիտես, որ ձմռանը հանգստանում ենք և զորացնում մեր արմատները, որպեսզի կարողանանք գարնանը ծաղկել, ամռանը սնունդ տալ պտղին և աշնանը հասնել ու կերակրել: Ինչո՞ւ չեկար այն ժամանակ, երբ մարդ, անասուն ու գազան վայելում էին մեր պտուղները: Այժմ գնա և վերադառնալով հարմար ժամանակ, կեր որչափ կկամենաս:

Եվ գնաց մարդը այդ խոսքի հույսով:

Առակիս ծառը խրատում է հյուրերին ու աղքատներին, որ հարմար ժամի գնան մեծարանք փնտրելու, հյուրերը ուտելու և հանգստանալու, իսկ աղքատները՝ կարիքները բավարարելու: Եվ ամեն ժամ հյուրընկալողները պատրաստ չեն ընդունելու, կամ բարեգործները՝ ողորմություն տալու: Իսկ ամբաստանելու և տրտնջալու դեպքում չպետք է չարանալ, այլ անհրաժեշտ է պատասխանել քաղցրությամբ, բացատրել անպատրաստության պատճառները և այլ ժամի առատաձեռնությունը:

ՆՇԵՆԻՆ ՈՒ ՇԱԳԱՆԱԿԵՆԻՆ

Քաղցր նշենին, մոր կողմից եղբայր լինելով դառն նշենուն, նեղվեց նրա դառնությունից և շագանակենուն դարձրեց իրեն բարեկամ ու եղբայր, գտնելով, որ երկու որակով նա բարոյակից է իրեն: Եվ շատերից մեղադրվելով, ասաց.

— Ով իմ հակումներն ունի, նա է իմ եղբայրը:

Ոչ ոք չկարողացավ հակաճառել:

Առակս հայտնում է, որ թեև եղբայրները հարազատ են և վարքով հակառակ են լինում իրար, հարկադրաբար բաժանվում են և օտար բարոյակիցներին լավ համարում:

ՆՈԽԱԶՆ ՈՒ ԳԱՅԼԸ

Նոխազը այծերի հետ մտավ քարանձավ: Տեսնելով Նրանց՝ գայլը գալիս հարցնում է.

— Ի՞նչ եք անում այդտեղ:

Եվ ասում են.

— Քառասուն օր ճգնելու ենք այստեղ:

Հավատալով, գայլը գնաց: Իսկ այծերը իջնելով՝ գնացին խաղաղությամբ:

Առակս ցույց է տալիս, թե ինչպես կարելի է ստությամբ ազատվել վտանգից, որ պարսավելի չէ:

ՈՉԽԱՐՆԵՐՆ ՈՒ ԱՅԾԵՐԸ

Հոտն ընթանալիս՝ ոչխարների դմակները շարժվում էին: Այծերը նախանձից դրդված սկսեցին բամբասել նրանց, ասելով.

— Ինչո՞ւ մեզ նման պարկեշտաբար չեք քայլում:

Առակս ուղղված է ընդդեմ նախանձոտների, տեսնելով ուրիշների արժանիքը, բամբասում են, իսկ իրենց, որ զուրկ են դրանից, համարում են պարկեշտ:

ՈՍԿԻՆ ԵՎ ՑՈՐԵՆԸ

Թագավորելու ժամանակ ոսկին պահանջում էր, որ բոլոր նյութերը գան երկրպագեն իրեն: Նա իր անձը թագավոր էր կոչում, որովհետև թագավորի պատկեր կար վրան, ու դրանով գոռոզամտում էր արծաթագործների և ուրիշների վրա ևս:

Եվ բոլորն եկան, չեկավ միայն ցորենը, ասելով.

— Թո՛ղ նախ ինքը գա ինձ երկրպագելու:

Առակս ցույց է տալիս, որ բոլոր նյութերը միաժամանակ մեծարանքի չեն արժանանում: Սովի վտանգի պատճառով բոլորը խոնարհվում են ցորենի առջև:

ՋԱՅԼԱՄՆ ՈՒ ԾԻՏԸ

Ծիտը տեսնելով, որ ջայլամը մեծ–մեծ ձվեր է ածում, գայթակղվեց և ուսանելու նպատակով հարցրեց գաղտնիքը:

Զայլամն ասաց.

— Կրակ եմ ուտում և այդ պատճառով էլ խոշոր ձվեր եմ ածում:

Կարծելով թե ճիշտ է ասածը, ծիտը կրակ կերավ ու մեռավ: Չմտածեց, որ ոչ թե դա է պատճառը, այլ հասակի մեծությունը:

Առակս հանդիմանում է ունայն ցանկությունները, որ փոքրերը, տեսնելով հզորների գործը, իրենք ևս ցանկանում են գործել, չմտածելով իրենց տկարության մասին

www.ingramcontent.com/pod-product-compliance
Lightning Source LLC
Chambersburg PA
CBHW020023030726
47499CB00007B/2238
9781604448313